Viel Spaß beim

Lese - und Lebe !

Nia Marti

rororo

# Nina Martin

Benedict Probst

# Plane nicht – lebe!

Wie du ohne Masterplan
glücklich wirst

Rowohlt Taschenbuch Verlag

Originalausgabe
Veröffentlicht im Rowohlt Taschenbuch Verlag,
Hamburg, Juni 2021
Copyright © 2021 by Rowohlt Verlag GmbH, Hamburg
Illustrationen Lorna Schütte
Zitat S. 117: Elif Shafak, Die vierzig Geheimnisse der Liebe,
Copyright © 2013/2014 by KEIN & ABER AG, Zürich – Berlin
Zitat S. 191: Astrid Lindgren, Das entschwundene Land,
Copyright © 2007 by Verlag Friedrich Oetinger, Hamburg
Covergestaltung zero-media.net, München
Coverabbildung FinePic®, München
Satz aus der Minion Pro
Gesamtherstellung CPI books GmbH, Leck, Germany
ISBN 978-3-499-00544-2

**Das E-Book zu Nina Martins «Plane nicht – lebe!» erhalten Sie unter folgendem Download-Link: www.rowohlt.de/code-eingeben Code: fb9me3 (gültig bis einschließlich Dezember 2025)**

# Inhalt

# Vorwort

«Tell me what is it you plan to do
with your one wild and precious life?»
*New and Selected Poems* von Mary Oliver

Wer kennt sie nicht – *die* Frage? Sie tritt in unterschiedlichen Formen auf. Angefangen hat es in unserer Kindheit. Damals begegnete sie uns als ein gesäuseltes «Was willst du mal werden, wenn du groß bist?». Später tarnte sie sich im Smalltalk auf Partys als ein zwischen zwei Schluck Bier geklemmtes «Und was machst du so?». Und in Jobinterviews versucht sie sich gar nicht erst zu verstecken: «Wo sehen Sie sich in fünf Jahren?» Es ist die Frage nach dem Masterplan für unser Leben, den wir bitte schön parat haben sollen. Alles andere würde unser Gegenüber enttäuschen. Und das wollen wir ja nun wirklich nicht.

Die Frage nach dem Masterplan verfolgt uns aber nicht nur in unserem Berufsleben. Denken wir nur mal an die wohlbekannten Fragen «Willst du mal Kinder haben?» oder «Ist das der Mensch, mit dem du den Rest deines Lebens verbringen möchtest?». Möglichst in jedem Lebensbereich sollen wir genau wissen, was wir wollen und was uns gefällt. Aber woher sollen wir denn so genau wissen, was uns für den Rest unseres Lebens gefallen wird? Sich jetzt schon im Klaren darüber sein zu müssen, was wir in ein paar Jahrzehnten mögen werden, könnte ein bisschen zu viel verlangt sein. Warum erwarten wir das von uns selbst und anderen? Eine grundsätzliche Antwort darauf lautet: Weil man sich im Leben entscheiden muss – und möglichst für das Richtige. Denn nur so kann man sich ein glückliches Leben aufbauen: wenn man weiß, was man will. Wer keinen Plan hat, kann also nicht glücklich werden. Erst wenn die eine Berufung entdeckt oder die Liebe fürs Leben gefunden ist, dann beginnt das große Glück. Das ist die weitverbreitete These.

Um es kurz zu machen: Dieses Buch möchte dich vom Gegenteil überzeugen. Es ist ein Plädoyer und eine Anleitung für ein Leben ohne Masterplan. Wohlbemerkt: nicht für ein Leben in Planlosigkeit. Pläne können das Leben bereichern, ihm eine Richtung und uns eine Identität geben. Was wir kritisieren, ist ein Leben nach einem rigiden Plan, auf einem festgelegten Weg, ohne Flexibilität. Es geht uns um einen Lebensentwurf, nach dem du nicht schon heute wissen musst, was du morgen sein und machen willst. Ein Lebensentwurf, nach dem du nicht stur auf eine Richtung festgelegt bist, sondern deinen Beruf, deinen Lebensstil, deine Entscheidungen jederzeit verändern darfst. Und das Interessante dabei: Diese Lebensweise macht dich am Ende vermutlich sogar sehr viel glücklicher, als du es sein könntest, wärst du einem mehrjährigen und bis ins letzte Detail ausgearbeiteten Schlachtplan gefolgt.

Auf diesen Gedanken kamen wir, Nina und Ben, die Autoren dieses Buches, mit etwa Mitte zwanzig. In dieser Lebensphase hat man typischerweise schon einige Weichen für sein zukünftiges Leben gestellt. Man hat die Frage nach dem Masterplan schon etliche Male gehört und mittlerweile auch eine Antwort darauf parat, die sich einigermaßen richtig anfühlt, insofern man nicht allzu lange über sie nachdenkt. So war es auch bei uns. Ben strebte eine wissenschaftliche Karriere als Ökonom an, und Nina plante als Organisationsberaterin aufzusteigen. Aber dann ist etwas passiert, von dem wir dir im nächsten Kapitel erzählen möchten: Nina erfuhr, dass sie in ihrem Leben unwissentlich bereits mindestens fünfundzwanzig lebensbedrohliche Herzrhythmusstörungen überlebt hatte. Fünfundzwanzig Mal hatte ihr Herz bereits aufgehört, regelmäßig zu schlagen, und sie war bewusstlos geworden. Fünfundzwanzig Mal hatte ihr Herz durch unglaubliches Glück seinen Rhythmus wiedergefunden, und sie war wieder aufgewacht.

Wenn man also in seinen Zwanzigern erfährt, dass man statistisch gesehen schon längst hätte tot sein können, stellt man sich einige Fragen. Eine davon war: Lebe ich eigentlich das Leben, das ich wirklich leben will? Nina begann den großen Plan, den sie für sich ausgearbeitet hatte, zu hinterfragen. Wollte sie wirklich so viel Zeit damit verbringen, Powerpoint-Präsentationen zu basteln und weiße Wände mit bunten Sticky-Notes vollzukleben? Ihr fielen zahlreiche Dinge ein, die sie eigentlich in ihrem Leben machen wollte, die bisher allerdings keinen Platz gefunden hatten (ganz nach dem Motto: «Man kann nicht alles haben»). Nach ihrer Sterblichkeitserfahrung verabschiedete sich Nina immer mehr von dem vorgeplanten Weg, den sie dachte einschlagen zu müssen, und begann, sich eine neue Lebensweise aufzubauen.

Die Frage «Wie will ich wirklich leben?» kann man sich natürlich auch ohne eine solche Konfrontation mit der eigenen Endlichkeit stellen. Vermutlich ist dir die Frage auch schon häufiger begegnet – in einer alkoholreichen Nacht oder am Lagerfeuer oder auf dem Backpackingtrip durch Südostasien. Es ist eine Frage, die uns in der heutigen Zeit umtreibt. Unzählige Ratgeber wurden bereits geschrieben, Filme über Menschen auf Sinnsuche gedreht, Selbsthilfeseminare abgehalten. Woran liegt es, dass wir die Frage nach einem erfüllten Leben heute so oft und so laut stellen?

Folgendes halten wir für einen der Hauptgründe: Das lineare Lebensmodell – mit dem einen großen Plan von Schule, Beruf und Rente –, das viele von uns derzeit versuchen zu leben, passt nicht mehr zu der Welt, in der wir leben. Wir sind heutzutage mit mehr Möglichkeiten, aber auch mit mehr Unwägbarkeiten konfrontiert, als es jemals zuvor der Fall war. Trotzdem versuchen wir Lebensinhalte und -phasen weiterhin wie auf einem linearen Zeitstrahl zu verteilen: Erst kommt die Ausbildung, dann ein Beruf, die Rente und irgendwann der Tod. Ach, und Kinder und die Partnerschaft fürs Leben sollen dann bitte auch noch zu einer bestimmten Zeit hinzutreten. Das Ganze ist – sagen wir es ehrlich – veraltet, nicht aktualisiert für unsere heutige Lebenswirklichkeit. Es ist das Modell unserer Eltern und vielleicht Großeltern. Zu ihrer Zeit hat die Logik «ein Beruf, eine Ehe, ein Wohnort» besser funktioniert als für uns in der Gegenwart. Heute werden langfristige Masterpläne immer häufiger vom Wunsch nach Selbsterfüllung oder von unvorhergesehenen Umweltfaktoren durchkreuzt – denken wir nur mal an die Corona-Pandemie, die in kürzester Zeit Lebensentwürfe über den Haufen geworfen und neue ans Licht gebracht hat. Die Welt von heute ist nicht mehr die Welt von gestern. Passen Lebensentwürfe von gestern denn dann wirklich noch zum Leben von heute?

Um all diese Fragen soll es insbesondere in den ersten Kapiteln gehen. Danach widmen wir uns den Antworten. Genauer gesagt, wollen wir dir ein Lebensprinzip vorstellen, das Nina aus ihren Sterblichkeitsüberlegungen und aus ihrer Erfahrung als Coach entwickelt hat. Dieses Konzept nennt sie die «Mosaik-Methode», und es soll sowohl eine Lebenseinstellung als auch ein konkretes Werkzeug sein, mit dem du dir das Leben bauen kannst, das du wirklich leben willst. Kurz erklärt, funktioniert das Ganze in drei Schritten: Zunächst betrachtest du dein jetziges Leben als Mosaik. Jeden Lebensbereich (Job, Familie, Hobby etc.) kannst du dir als einen Mosaikstein vorstellen. Zusammen ergeben sie ein Mosaik, das du im Idealfall schön findest. Vermutlich würdest du jedoch gerne ein paar Dinge daran ändern. Ein Stein ist zu groß? Zu klein? Zu spitz? Zu unförmig? Ist es dein Jobstein? Dein Hobbystein? Dein Beziehungsstein? Das ist der zweite Schritt: Was würdest du gerne an deinem Lebens-Mosaik verändern? Was für eine Art von Mosaik würdest du schöner finden? Im dritten Schritt geht es dann darum, diese Veränderungen auf dein alltägliches Leben zu übertragen. Du planst und setzt Veränderungen um, die du im Nachgang reflektierst und überprüfst: Hat sich dein Mosaik wirklich so verändert, wie du es gerne hättest? Es geht immer um ein Wechselspiel aus Erfahrungen und Reflexion. Denn nur, wenn wir Dinge ausprobieren, können wir im Nachhinein feststellen, ob sie das Richtige für uns sind. Aber mehr dazu ab Kapitel drei.

In den Kapiteln fünf, sechs und sieben gehen wir dann tiefer auf Themen ein, die einzelne Lebensbereiche betreffen. Während die Grundfrage der ersten Kapitel war «Wie möchte ich mein Leben verändern?», sind die Fragen in den späteren Kapiteln detaillierter, wie etwa: «Wie kann ich am besten arbeiten?», «Wen möchte ich in meinem Leben haben?» oder «Was sind die Werte, nach denen ich leben möchte?» Mit Hilfe dieser Kapitel und der darin enthaltenen praktischen Übungen kannst du dich mit den Lebensbereichen auseinandersetzen, die dich besonders beschäftigen. Alles nach der Mosaik-Methode natürlich.

Am Ende stellen wir dir noch eine Zwei-Wochen-Challenge vor, die du ausprobieren kannst, wenn du dich in einer kurzen Zeit intensiv mit deinem Leben auseinandersetzen möchtest.

Wenn wir «wir» schreiben, dann meinen wir, je nach Kontext, übrigens eine von zwei Sachen: Entweder wir sprechen über uns selbst: über Nina und Ben. Das Buch wurde von Nina geschrieben (und wird nach diesem Vorwort auch aus ihrer

Sicht erzählt werden), viele Inhalte haben wir allerdings gemeinsam entwickelt. So hat Ben seine Erfahrung als Ökonom genutzt, um alle nötigen Hintergrundinformationen zusammenzutragen und die Mosaik-Methode in das «große Ganze» einzuordnen. Zusammen haben wir das Buch zu dem gemacht, was du jetzt in den Händen hältst.

Die andere Bedeutung, die das Wort «wir» bei uns haben kann, ist eine Art metaphorisches Wir: also wir als Kollektiv aller Menschen, die sich mit einer Welt konfrontiert sehen, die immer neue Anforderungen an uns stellt. Denn an diese Menschen soll sich unser Buch richten. Und es soll sich an Menschen richten, die noch auf der Suche nach ihrem Platz in dieser Welt sind. Dieses Buch soll uns allen helfen, einengende Idealvorstellungen und Masterpläne loszulassen und das Leben so zu gestalten, wie wir es wirklich führen wollen.

In diesem Sinne: Viel Spaß beim Lesen – und Leben!

Deine Nina und dein Ben

# TEIL I

# Eine neue Lebensweise für eine neue Zeit

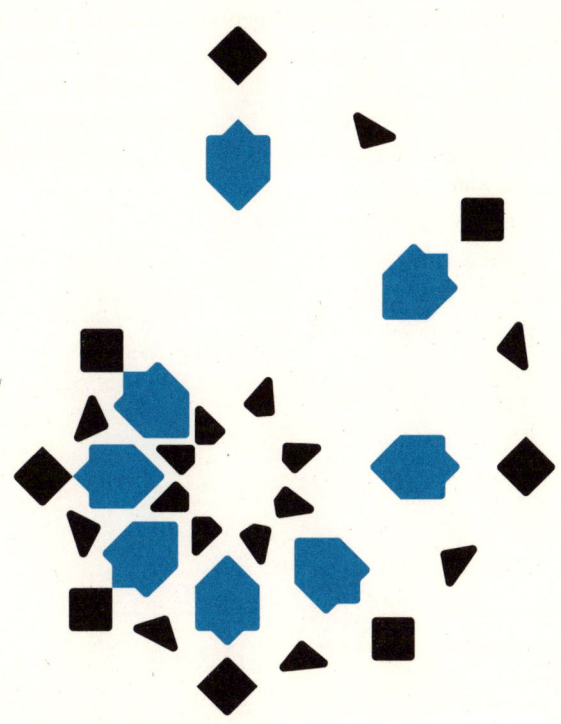

*«Müssen wir sterben?»*
*«Ja, freilich», sagt der Korff. «Wir und jeder andere.»*
*Auch da hat er recht, denkt Tyll, obwohl, wer weiß,*
*ich zum Beispiel bin bisher nie gestorben.*
*Tyll* von Daniel Kehlmann

Im ersten Teil dieses Buches stelle ich dir die Mosaik-Methode vor. Doch bevor ich das tue, beantworte ich zwei Warum-Fragen. Die eine ist: Warum habe ich dieses Buch geschrieben? Im folgenden Kapitel kannst du nachlesen, wie ich in meinem Leben schon Dutzende Male fast gestorben wäre – und wie diese Erfahrung zu dem Buch in deinen Händen geführt hat. So viel kann ich schon jetzt verraten: Ohne meine Sterblichkeitserfahrungen gäbe es keine Mosaik-Methode. Die zweite Warum-Frage ist: Warum solltest auch du dich anhand der Mosaik-Methode mit deinem Leben auseinandersetzen? In Kapitel 2 spreche ich über die Dynamik unserer Welt, über lineare Lebenspläne, die nicht mehr so recht in diese dynamische Welt passen, und über die Möglichkeit, dass vielleicht auch du deinen Lebensplan überdenken solltest. Und wie kannst du das tun? Das steht ebenfalls im ersten Teil dieses Buches. Ich stelle dir die Mosaik-Methode vor, nach der auch ich mein Leben neu gestaltet habe. Falls du Lust hast, die Methode auszuprobieren, hol dir Stift und Papier. Denn bereits ab Kapitel 1 warten die ersten praktischen Übungen auf dich!

# KAPITEL I

# Plötzlich sterblich

Es gibt diese Momente, an die man sich ganz deutlich und klar erinnert – beinahe so, als wären es Fotos im Kopf. Oft sind sie sogar noch eindrücklicher, fast wie mit Spezialeffekten versehen: Man kann sie sehen, fühlen, hören. Dabei spielt es für die Eindrücklichkeit der Erinnerung keine Rolle, ob die aufgenommenen Momente Jahre zurückliegen oder überhaupt tatsächlich so passiert sind. Wichtig ist, dass solche Kopf-Foto-Momente nicht vergessen werden.

Ich habe einige solcher Fotos in meinem Kopf gespeichert. Alle davon sind wichtig für mich, aber vier von ihnen spielen eine besondere Rolle für dieses Buch. Sie sind vielleicht sogar die Ursache dafür, dass dieses Buch überhaupt existiert. Deshalb möchte ich dir von ihnen erzählen – angefangen mit den ersten beiden. Das erste Kopf-Foto ist der Blick aus einem Krankenhausbett, in Richtung zugezogener Gardinen, hinter denen die Nachmittagssonne hervorstrahlt. Vor ihnen erkenne ich einen schattenhaften Umriss, der mir die Hand entgegenstreckt. Das zweite Kopf-Foto zeigt meinen Freund Ben, am Steuer eines Cabrios sitzend, mit kleinen dunklen Flecken auf seinem T-Shirt, von den Regentropfen, die dara-auffallen. Aus den Augenwinkeln kann ich meine Arme sehen, die sich nach oben recken, und dank eines Spezialeffekts meines Kopf-Fotos kann ich den Sog der Autobahnluft spüren, der an ihnen reißt. Auf beiden Fotos bin ich 26 Jahre alt. Nina, 26, wohnhaft in Berlin, Organisationsberaterin – so hätte damals mein Kurzsteckbrief aussehen können. Oder vielmehr: So hätte mein Steckbrief einen Tag vor der Aufnahme dieser Fotos aussehen können. Denn danach hätte da eigentlich stehen müssen: Nina, 26, wohnhaft in Berlin, Organisationsberaterin, aber auch irgendwie Autorin, sterblich.

Das passiert nämlich, wenn man an dem einen Tag noch seine Epilepsie im Krankenhaus untersuchen lassen will und am nächsten gesagt bekommt, dass man vermutlich nie epileptische Anfälle hatte und stattdessen das eigene Herz eine tickende Zeitbombe ist, die einen jederzeit umbringen könnte. Man ist danach nicht mehr ganz dieselbe.

«Sie leiden unter einer lebensbedrohlichen Herzrhythmusstörung. Sie hatten unglaubliches Glück! Ist in Ihrer Familie mal jemand ganz überraschend gestorben? Umgefallen und tot? Nein? Sind Sie sicher? Kein Problem, wir machen eine OP. Wollen Sie einen subkutanen Defibrillator? Haben Sie letzte Nacht das Spiel Real Madrid gegen Juventus Turin gesehen?»

Das waren in etwa die Worte des Schattens aus Kopf-Foto 1. Natürlich war es in Wirklichkeit kein Schatten, sondern ein Arzt, der da neben meinem Krankenhausbett stand. Vermutlich sagte er die Worte auch nicht in dieser Reihenfolge, und bestimmt stellte er sich vor, während er mir die Hand schüttelte. Aber an das alles erinnere ich mich nicht mehr. Woran ich mich erinnere, ist dieser schattenhafte Umriss, ein paar seiner Worte und meine Müdigkeit – der Kardiologe hatte mich nämlich gerade aus dem Schlaf gerissen. Das Zimmer war abgedunkelt, neben mir schlief meine Bettnachbarin, und ich versuchte mich irgendwie im Bett aufzurichten. Das war gar nicht so einfach, denn ich war verkabelt: An meinem Kopf waren einundzwanzig Elektroden angebracht, die vierundzwanzig Stunden am Tag drei Tage in Folge alle elektrischen Impulse meines Gehirns aufnahmen. Diese Elektroden klebten an meiner Kopfhaut und verbanden mich über einen fünf Meter langen Kabelstrang mit einer Maschine an der Wand, die wiederum meine Gehirnströme aufzeichnete. Diese Vorrichtung bedeutete – abgesehen davon, dass es gar nicht so leicht war, mich einigermaßen würdevoll aufzurichten –, dass ich mich in den vergangenen zwei Tagen nur in einem Radius von fünf Metern im Krankenhauszimmer bewegen konnte. Ich hatte außerdem eine schlaflose Nacht hinter mir, auf Anweisung der Ärzte. Das alles nannte sich Langzeit-EEG und sollte die Ursache der Anfälle klären, die ich seit meinem 12. Lebensjahr hatte. Epileptische Anfälle. Das war damals jedenfalls die Diagnose gewesen.

Epilepsie. Eigentlich keine so ungewöhnliche Diagnose. Rund fünf Prozent aller Menschen haben laut der deutschen Gesellschaft für Epileptologie in ihrem Leben mindestens einen epileptischen Anfall. Die Synapsen drehen durch, es gibt ein Feuerwerk im Kopf, der Körper krampft. So war das auch bei mir. So war es gefühlt schon immer gewesen. Einmal in meinem zweiten und dann regelmäßig seit meinem zwölften Lebensjahr verlor ich immer wieder das Bewusstsein, meine Muskeln verkrampften sich, und ich wachte irgendwann mit einem Rauschen im Kopf wieder auf. Es war etwas, an das ich mich fast gewöhnt hatte – sofern man sich daran gewöhnen kann, seinem eigenen Körper niemals voll und ganz zu vertrauen: Er kann einen jederzeit hinterrücks überfallen.

Jetzt stand dieser Arzt vor meinem Bett und verkündete mir, dass das alles ein Fehler gewesen sei. Ich hätte keine Epilepsie. Die Diagnose sei eine ganz andere. Eine lebensbedrohliche. Eine seltene. Aber auch eine behandelbare. Mein Herz sollte an allem schuld sein, nicht mein Gehirn. So viel verstand ich in den wenigen Minuten, die der Arzt an diesem Nachmittag mit mir sprach. Die gezackten Linien, die er mir auf seinem Handy zeigte, sagten mir nichts. Der Name der neuen Diagnose sagte mir nichts. Und das Spielergebnis von Real Madrid gegen Juventus Turin sagte mir erst recht nichts.

Irgendwann verließ der Kardiologe das Zimmer, und ich sah mich zu meiner Bettnachbarin um, die mittlerweile genau wie ich aufrecht im Bett saß. Wir starrten uns an. Sie sagte etwas – was, weiß ich nicht mehr. Vielleicht etwas Erschrockenes oder vielleicht auch etwas Beruhigendes.

Dann kam meine behandelnde Neurologin ins Zimmer, öffnete die Gardinen und fragte: «Irgendetwas Besonderes passiert heute?»

«Ich habe gerade eine neue Diagnose bekommen», antwortete ich.

«Ja, aber das meine ich nicht. Ist sonst noch irgendwas Besonderes passiert?»

Nein. Sonst war nichts Besonderes passiert.

Außer, dass ich jetzt wusste: Mein Herz konnte in jedem Moment aufhören, regelmäßig zu schlagen, es konnte in meiner Brust anfangen, ungebremst zu rasen, und ich konnte dabei das Bewusstsein verlieren. Und dann – falls mein Herz nicht durch Zufall und Glück wieder seinen Rhythmus finden würde, wie es in meinem Leben schon so oft passiert war – konnte ich einfach so von der Bewusstlosigkeit in den Tod hinübergleiten. Laut den Ärzten war das sogar sehr wahrscheinlich. Sie waren mehr als verwundert, dass ich überhaupt noch hier saß, angekabelt an die EEG-Maschine, verwirrt und vor allem: noch am Leben.

Aber ansonsten war nichts Besonderes passiert.

Ich musste lachen – und konnte den ganzen Abend nach dem Erhalt meiner neuen Diagnose nicht damit aufhören. Im Nachhinein glaube ich, dass ich unter Schock stand. So oder so habe ich den Abend als einen der witzigsten Abende in Erinnerung, die ich je in einem Krankenhaus erlebt habe. Mein Freund Ben, meine Cousine und meine beste Freundin kamen vorbei, wir lagen auf meinem Bett herum und lachten. Lachten über die Kabel an meinem Kopf, lachten über mein Herz und lachten über die Kamera, die uns alle die ganze Zeit filmte für den Fall, dass «etwas Besonderes» (also ein epileptischer Anfall oder eine Synkope) passieren sollte.

Am nächsten Tag wurde ich entlassen und durfte nach Hause gehen. Es dauerte einige Zeit, mir die Elektroden vom Kopf abzunehmen, und auch einige Zeit, weitere Gespräche zu führen, von denen einige eher Beileidsbesuchen ähnelten als einer medizinischen Beratung. Ich könne auch gleich dableiben, sagte man mir, zur weiteren Beobachtung und Behandlung.

Aber ich wollte weg. Möglichst weit weg und möglichst schnell. Ich hatte lange genug in einem Krankenhauszimmer gelegen.

Noch immer mit einem Lachen auf dem Gesicht, stiegen Ben und ich also in ein geliehenes Cabrio und fuhren nach Hause.

Hier nahm ich Kopf-Foto Nummer 2 auf. Es hatte angefangen zu regnen. Wenige, aber doch schwere Tropfen. Ein Sommerregen, der sich irgendwo anders zu einem richtigen Gewitter entwickeln würde, doch nicht direkt über einem selbst – wenn man Glück hat. Es war warm. Die Luft roch nach einer Mischung aus Abgasen, Sommerwiesen und, vor allem, nicht nach Krankenhaus. Wir öffneten das Verdeck, ließen die Sommerluft und die Regentropfen zu uns herein und erreichten endlich die Autobahn. Das Radio war voll aufgedreht, meine Hände in die Luft gestreckt, und Ben lachte mich vom Fahrersitz an. Genau dieser Moment ist auf meinem Kopf-Foto festgehalten. In meinem Kopf zerrt nun ewig der Fahrtwind an meinen Händen und meinen Haaren, vermischen sich

Musik und Geschwindigkeit zu einem Gefühl der Freiheit und Lebendigkeit. Der Moment ist wie die Szene aus einem Roadmovie. Zwei Paarundzwanziger fahren über eine amerikanische Schnellstraße, dem Sonnenuntergang entgegen. Doch das hier ist nicht die Route 66, sondern die A 100 mitten in Berlin. Wir sind auch nicht zwei charismatische Schauspieler, die nach dem Motto «You can do it if you really want it» ihr Glück suchen. Das hier sind Ben, der Mensch, der mich am besten kennt, und ich, die ich mir plötzlich nicht mehr sicher bin, ob ich mich wirklich kenne.

Wer bin ich, wenn zwei ganz wesentliche Dinge über mich nicht mehr stimmen? Wer bin ich ohne Epilepsie, die seit meiner Kindheit doch ein Teil von mir war? Wer bin ich, wenn ich mir nicht sicher sein kann, noch Jahre des Lebens vor mir zu haben – wenn ich jederzeit einfach aufhören kann zu existieren?

Woran ich mich erinnere, ist ein Gefühl der Lebendigkeit. Denn wer erkennt, wie sterblich er ist, versteht, wie unglaublich lebendig er ist. Zumindest war das bei mir so. Noch nie hatte ich mich so lebendig gefühlt. Ich fühlte die Beschleunigung des Autos, hörte die Vögel, als wir von der Autobahn abfuhren, spürte den Asphalt der Landebahn unter meinen Füßen, als wir parkten und über den ehemaligen Tempelhofer Flughafen liefen. Ich sah die Sonne, die durch die Wolken brach, und einen kleinen Hund, der voller Tatendrang auf den umzäunten Hundeauslauf zurannte. Es kam mir vor, als ob meine Sinneseindrücke intensiver waren, als wäre ich high, auf irgendeiner Droge – nur fällt mir dieser Vergleich schwer, weil ich wegen meiner «Epilepsie» nie viele Erfahrungen in der Richtung gesammelt hatte. Ich war high, weil ich lebte, und insbesondere high, weil ich *noch immer* lebte.

Später würde ich in meinen Akten nachzählen: In meinem

Leben hatte ich bereits mindestens 25-mal eine akute Herz-rhythmusstörung inklusive Bewusstlosigkeit (in der Fachsprache Synkope genannt) überlebt. Und das waren nur die Anfälle, die Ärztinnen und Ärzte schriftlich festgehalten hatten. Jedes Mal hatte mein rasendes Herz wieder von allein seinen Rhythmus gefunden, hatte sich beruhigt, hatte mich aus der Bewusstlosigkeit aufwachen lassen. Statistisch gesehen ein ziemliches Glück. Die Ärzte und Ärztinnen im Krankenhaus hatten sich mit genauen Zahlen zurückgehalten, doch ein Befund, den mir eine Ärztin ein paar Wochen später in die Hand drückte, schätzte meine Chance, all das zu überleben, auf 40 Prozent. Das war noch die optimistischste Zahl, die ich finden konnte. Andere Studien sprachen von einer Überlebenschance von etwa 3 Prozent. Auf den Punkt gebracht: Von 100 Menschen wären in meiner Situation zwischen 60 und 97 Menschen gestorben. Es passierte nicht allzu oft, dass man meine Krankheit so lange unbehandelt überlebte – da waren sich Ärztinnen und Ärzte sowie Studien also einig.

Die Frage, die sich mir bei all meiner Ekstase stellte: Was ist, wenn ich beim nächsten Mal nicht mehr so viel Glück habe?

«Ich habe jetzt so lange damit gelebt, da werden mich ein paar Tage mehr auch nicht umbringen», hörte ich mich selbst zu Ben sagen, als wir längst wieder zu Hause waren. Ich wollte ihm, der im Krankenhaus noch gefragt worden war, ob er sich mit Herzdruckmassage auskannte, die Angst nehmen – und mir wahrscheinlich auch.

Natürlich konnte uns eigentlich niemand sagen, ob und wann es schiefgehen würde. Ob ich am nächsten Tag, im nächsten Monat oder im nächsten Jahr bewusstlos werden und dann einfach nicht wieder aufwachen würde.

Und was sollte das dann heißen? Wollte ich nicht noch mal ein Buch schreiben, wie ich es als Vierzehnjährige getan hatte? Wollte ich nicht noch so viel Zeit mit Ben verbringen? Wollte ich nicht noch ein Leben aufbauen, Mutter werden, die Welt sehen? Und vor allem: Was war mit meiner Familie? Der Kardiologe hatte gesagt, dass meine Herzbedingung ein genetisches Syndrom war. Genetisch. Das hieß, die Mitglieder meiner Familie, vier Geschwister, acht leibliche Tanten und Onkel und 16 Cousins und Cousinen, meine Eltern und meine Oma (um nur die nächste Verwandtschaft zu nennen), befanden sich eventuell auch in akuter Lebensgefahr.

Was tut man in einer solchen Situation?

Ich tat das, was jede gute Mittzwanzigerin und erst recht jede gute Organisationsberaterin tut, wenn sie nicht mehr weiterweiß: Ich griff zum Stift und schrieb eine To-do-Liste. Das half.

- OP-Termin ausmachen
- Krankschreibung besorgen
- Genetische Untersuchung veranlassen
- Arzttermine bei Neurologen, Kardiologen und Hausärztin
- Familie informieren
- Neuen Wecker finden

Das alles waren Punkte auf meiner Liste. Letzteres war besonders schwierig: Wie soll man sich wecken lassen, wenn jedes Klingeln eines herkömmlichen Weckers Herzrhythmusstörungen auslösen und einen somit umbringen kann?

Nachdem ich die dringendsten Punkte auf der Liste abgearbeitet hatte – unter ihnen das Einsetzen eines Defibrillators direkt über dem Herzen, der mir bei zukünftigen Notfällen das Leben retten sollte –, kehrte Alltag ein. Oder zumindest taten Ben und ich so. Die Liste war lang, aber sie war erst mal nur das: eine To-do-Liste. Alle Notvorkehrungen waren getroffen, ich befand mich nicht mehr in akuter Lebensgefahr, und Ben trug nicht mehr die alleinige Verantwortung, mich bei einem Herzstillstand zu reanimieren. Das würde ab jetzt der Defibrillator übernehmen. Mit Ausnahme der Narbe unter meinem linken Schlüsselbein und des leichten Klopfens, welches das Gerät hin und wieder auslöste, um mein Herz zu beruhigen, war also alles wieder beim Alten.

Sobald ich konnte, ging ich wieder ins Büro. Ich arbeitete in einer Organisationsberatung, die sich auf die Bereiche Innovation und Transformation spezialisiert hatte. Meine Arbeit bestand zum Zeitpunkt der neuen Diagnose primär aus dem Basteln von Präsentationen am Laptop und aus Workshops mit Kunden. Die Arbeit machte mir Spaß und lenkte mich ab – von meiner medizinischen To-do-Liste, aber auch von den vielen Fragen, die ich mir stellte:

Verbrachte ich meine Zeit mit den richtigen Dingen? Was wäre gewesen, wenn ich irgendeine der Synkopen nicht überlebt hätte – während meines Praktikums in München zum Beispiel oder meiner Zeit in Bolivien? Was wäre gewesen, wenn ich die letzten zehn, drei, zwei Jahre nicht mehr erlebt hätte? Was würde passieren, wenn ich demnächst plötzlich tot umfiele? Immerhin konnte man an ziemlich vielen Dingen sterben, nicht nur an seltenen Herzsyndromen.

Powerpoint, E-Mails und Klebezettel an Whiteboards können ganz gut von diesen Fragen ablenken. Sie tun es so weit, dass man sich irgendwann sogar fragt, ob die Fragen überhaupt relevant sind. War ich wirklich so knapp am Tod vorbeigeschrammt, wie es mir die Ärztinnen und Ärzte gesagt hatten?

Ich verbannte die Gedanken an meine Sterblichkeit in eine Ecke meines Kopfes und genoss den Sommer in Berlin. Picknicks auf dem Tempelhofer Feld, Ausflüge mit meinen Cousins,

Besuch von Freunden – und nur manchmal das leichte Klopfen des Defibrillators in meiner Brust. Ben war den Sommer über größtenteils in Berlin, was keine Selbstverständlichkeit war, da er zu dieser Zeit noch an seiner Promotion in England arbeitete.

## Die Sache mit der eigenen Vergänglichkeit

Dann kam der Septembertag, an dem Ben und ich zu unserer großen Sommerreise aufbrechen wollten. Mein Rucksack war gepackt, Ben würde mich am Flughafen in London erwarten, und ich verbrachte eine unruhige Nacht – besorgt, dass ich ohne Wecker verschlafen würde. Doch dann passierte etwas ganz anderes. Ich wachte auf und spürte es: Mein Herz raste. Wenn das passierte, blieben mir immer ein paar Sekunden vor der Bewusstlosigkeit. Wertvolle ein bis zwei Sekunden, in denen ich das Licht anmachen oder nach Hilfe rufen konnte. Mehr Zeit war nicht. Nur gab es an diesem Tag niemanden, den ich hätte rufen können, denn wie so oft kam das Herzrasen über mich, während ich allein in der Wohnung war. Ich konnte also nur eines tun: mich meinem Körper ergeben, mich hinabziehen lassen in die Schwärze, in das anhebende Rauschen in meinen Ohren und in die Bewusstlosigkeit.

«Ich habe keinen Körper, ich bin ein Körper», schrieb der Journalist Christopher Hitchens kurz vor seinem Tod im Jahr 2011. Nie fühlte sich dieser Satz wahrer an als in den Momenten kurz vor einem Anfall oder (wie ich heute sagen müsste) vor einer Synkope. Ich bin meinem eigenen Körper und meinem rasenden Herzen ausgeliefert, kann mich noch so sehr dagegen sträuben – mein Körper liegt außerhalb meiner Kontrolle, und ich bin voll und ganz von ihm abhängig. Ist er nicht mehr, bin auch ich nicht mehr. Schaltet sich mein Gehirn aus, werde ich ausgeschaltet. Es fühlt sich an wie ein Verrat, dieses plötzliche Entreißen des Bewusstseins, dieser Überfall aus dem Verborgenen, in jedem beliebigen Moment. Sollte mein Körper nicht für mich arbeiten statt gegen mich?

Wie schon so oft zuvor, wachte ich auch an diesem Morgen mit rauschenden Ohren und verhärteten Muskeln auf. Neu war der Schmerz in meiner Brust, direkt über meinem Herzen. Hatte ich bei meinem Krampf den Defibrillator beschädigt? Das war mein erster Gedanke. Schließlich hatte sich dieser Anfall wie jeder bisherige angefühlt – ein epileptischer Anfall, klare Sache. Warum sonst sollte mein Kopf so weh tun? Die Ärzte mussten sich vertan haben. Ich wusste, wie sich ein epileptischer Anfall anfühlte, und genau das war gerade passiert. Mit diesen Gedanken rief ich erst Ben in England und dann das Krankenhaus in Berlin an. Wenig später saß ich in einem Arztzimmer, mein Reiserucksack neben mir an die Untersuchungsliege gelehnt, und starrte auf ein paar gezackte Linien auf einem Bildschirm.

«Sehen Sie das hier?», fragte der Arzt und deutete auf eine Linie, die zuerst ziemlich hektisch auf und ab tanzte und dann einen Moment vollkommen flach und gerade war, bevor sie wieder in einen regelmäßig gezackten Rhythmus überging. «Das ist der Moment, in dem der Defi Sie geschockt hat.»

Ich starrte auf den letzten großen Zacken und die kurze, flache Linie danach. Kein epileptischer Anfall. Es war das Herz. Das kleine Gerät in meiner Brust hatte seine Daten an den Computer übertragen, und der zeigte mir jetzt meine Herzrhythmusstörung auf dem Bildschirm. Die Ärztinnen und Ärzte hatten also recht. Was sich für mich wie eine Epilepsie anfühlte, war keine. Es war immer das Herz gewesen. Erst jetzt begriff ich auch emotional, was ich kognitiv schon längst verstanden hatte.

Der Arzt hatte Tränen in den Augen, als er sagte, wie froh er sei, mir den Defibrillator eingesetzt zu haben. Nicht auszudenken, was sonst heute Morgen passiert wäre. Ein weiterer Arzt kam hinzu und fragte mich, ob ich nicht bei der nächsten Konferenz vorbeikommen wolle – sozusagen als lebender Beweis dafür, dass man eine so lange Fehlbehandlung und so viele Synkopen überleben konnte.

Irgendwann stand ich wieder draußen vor dem Krankenhaus und stieg mit meinem Rucksack über der Schulter in einen Bus Richtung Flughafen. Nur weil ich heute Morgen fast gestorben wäre, würde ich mir meinen Urlaub nicht nehmen lassen. Die Ärzte hatten mich zwar besorgt angesehen, als ich ihnen von der Reise erzählte, aber immerhin hatte ich ja meinen Defibrillator, und außerdem: Muss man nicht genau dann sein Leben genießen, wenn es gerade um ein Haar vorbei gewesen wäre?

Im Urlaub hatte ich viel Zeit, über das Geschehene nachzudenken. Ich stellte fest, dass ich überrascht war – von meiner eigenen Überraschung. Warum zeigte ich eine so heftige emotionale Reaktion auf etwas, das ich doch eigentlich mein Leben lang wusste? Ich war sterblich. Das war doch nichts Neues. Wir alle sind sterblich. Wir sitzen uns gegenüber in Cafés und an Couchtischen und sagen: «Das Leben ist kurz.» Und dann nicken wir wissend, schweigen kurz und reden darüber, dass unsere Kollegen nerven.

Aber wenn wir selbst mit Vergänglichkeit konfrontiert werden – sei es durch eine Nahtoderfahrung oder den Tod anderer Menschen –, sind wir plötzlich total überrascht. Als gäbe es eine Regel, die besagt: Der Tod ist etwas, das anderen Leuten passiert und das man nur vom Hörensagen kennt. Mit Sicherheit war ich nicht die einzige Mittzwanzigerin, die bislang nicht wirklich begriffen hatte, dass es keine Garantie gibt, die Jahre jenseits der 80 zu erleben. Aber jetzt wusste ich: Ich hatte noch nicht mal eine Garantie, die Jahre jenseits der 26 zu erleben.

Ich musste oft an eine Szene zu Hause in Neukölln zurückdenken. Kopf-Foto Nummer 3 sozusagen. Ich stand auf einem Friedhof, in meiner Tasche ein Zettel, den mir soeben eine Ärztin überreicht hatte. Auf dem Zettel standen meine genetische Diagnose und, beiläufig erwähnt, die Sterblichkeitsrate der Krankheit. Das Kopf-Foto zeigt ein paar Reihen Grabsteine unter blauem Himmel und einen gepflegten Weg, der auf ein steinernes Tor zuführt. Dahinter pulsiert eine Berliner Verkehrsader mit Autos, Motorrollern und einem Vater, der seinen neugierig in den Friedhof guckenden Sohn weiterzieht.

Ich erinnere mich noch genau an die Gedanken, die mir in diesem Moment im Kopf herumschwirrten: Ich dachte darüber nach, wie skurril das alles war. Das Leben gab es nur im Doppelpack oder gar nicht: Leben und Tod. Ohne das eine gibt es das andere nicht.

*«Wir werden sterben, und das heißt, wir haben Glück gehabt. Die meisten Menschen werden nie sterben, weil sie nie geboren werden.»*

Das ist eines meiner Lieblingszitate. Es stammt von Richard Dawkins und bedeutet für mich in etwa Folgendes: Weil ich hier stand und lebte, würde ich eines Tages hier (oder auf irgendeinem anderen Friedhof, Friedwald oder Sonstigem) liegen und tot sein. Und die Menschen, die um mich herum unter dem gepflegten Rasen lagen, waren nur dort, weil sie einmal gelebt hatten. Das eine ging nicht ohne das andere. Zu leben war ein seltenes Privileg. *Wir haben Glück gehabt.*

Aber war der Tod nicht auch etwas Schreckliches? Brachte er nicht Trauer, Schmerz und Leid über die Menschen? «Tod» – ein Begriff mit vielen Bedeutungen. Vermutlich mindestens vier: Es kann um das Sterben gehen (also den Prozess hin zum Tod), um den Tod selbst (also um den Zustand nach dem Leben), um die Trauer (also um den Tod anderer, geliebter Menschen) oder eben um unsere Sterblichkeit (also die Tatsache unseres eigenen zukünftigen Todes). Im Vierergespann ein ziemliches Paket des Grauens, das muss ich zugeben.

Als ich da auf dem Friedhof stand, wusste ich, dass ich selbst noch nicht bereit war, mich mit meinem Sterbeprozess oder der Möglichkeit des Todes meiner Familie oder meiner Freunde zu beschäftigen. *Future-Nina's problems.* Aber konnte ich mich nicht zumindest mit meiner eigenen Sterblichkeit beschäftigen? Immerhin hieß die Beschäftigung mit der Sterblichkeit ja nichts anderes, als mich mit dem Leben zu beschäftigen. Wenn ich irgendwann sterben würde, wie wollte ich dann leben? Auf diese Frage gab es in der Literatur einige Antworten: In *Eat, Pray, Love* (so etwas wie ein Klassiker der Selbstfindungsgeschichten) sucht die Schriftstellerin Elizabeth Gilbert in der Ferne ihr Glück, während der Philosoph Henry David Thoreau in *Walden* den Rückzug aus der Gesellschaft nahelegt. Aber musste ich nicht meinen eigenen Weg finden? Nur: Was war mein eigener Weg?

Diese Frage brachte mich fast nahtlos zu einer weiteren: Was war mein Weg zu einem erfüllten Leben? Denn dass es bei einem «sterbenswerten» Leben um ein erfülltes Leben ging, war klar – da musste man nur einen kurzen Blick in die Ratgeberecke jeder Buchhandlung werfen. Erfüllung war das Schlüsselwort. Und die fand man (laut denselben Ratgebern) insbesondere durch eines: Man musste seine Berufung finden. Dann – und nur dann – würde man ein erfülltes Leben haben.

Aber was war meine Berufung? Das Eine, was ich in dieser Welt hinterlassen wollte? Das Eine, das die Menschen auf meiner Beerdigung nickend nennen konnten: «Mensch, toll, dass sie das mit ihrem Leben gemacht hat. Hätte sie das nicht getan, wäre die Welt jetzt eine schlechtere.» Das Eine, auf das ich als alte Frau zurückblicken und worüber ich sagen würde: «Ich habe genau das gemacht, was ich wollte. Jetzt kann ich zufrieden sterben.» Letzteres war besonders wichtig – immerhin wollte ich nicht zu den Menschen gehören, die am Ende ihres Lebens am meisten bereuen, «nicht ihr eigenes Leben gelebt zu haben». Schließlich war genau das laut der Palliativpflegerin Bronnie Ware und ihrem Buch *The Top 5 Regrets of the Dying* ein gängiges Lebensresümee.

Aber was war nun bitte schön «mein eigenes Leben», und wie fand ich es?

Ich hatte mir diese Frage eigentlich schon immer gestellt. In der Schule war ich noch davon ausgegangen, dass sie sich ganz von allein lösen würde. Ich müsste nur weiter dem Unterricht folgen, alles lernen, was ich lernen konnte – und irgendwann, plötzlich, würde ich auf die eine Sache stoßen, die ich so toll fand, dass sie mein Lebensinhalt werden sollte. Zunächst war mein Gedanke: Bis zum Abitur werde ich das schon wissen, dann kann ich mich für den richtigen Studiengang entscheiden. Während des Studiums dachte ich mir dann: Jetzt machst du so einen interdisziplinären Bachelor, wenn du damit fertig bist, wirst du schon wissen, welcher Bereich dich wirklich interessiert. Während meines Gap Years dachte ich mir: Jetzt probierst du all diese Praktika in all diesen Bereichen aus, wenn du damit fertig bist, weißt du bestimmt, wo du arbeiten möchtest.

Im Master setzte schließlich der Zweifel ein. Um mich herum waren Menschen, die mit beeindruckender Sicherheit sagen konnten, warum sie den Studiengang gewählt hatten, den wir alle studierten. Manche von ihnen hatten schon jahrelang gearbeitet und sich genau diesen Master herausgesucht, um sich auf den nächsten Schritt vorzubereiten. Ich hingegen begann mich zu fragen, ob ich am ganz falschen Ende suchte: Vielleicht lag meine Leidenschaft ja gar nicht in etwas, das ich zu Geld (also zum Beruf) machen konnte. Vielleicht war ich irgendwo auch einfach falsch abgebogen und hatte meine wirkliche Leidenschaft verpasst? Mir machten das Studium und auch der daran anschließende Job Spaß – aber war diese Karriere wirklich meine Erfüllung? Meine Berufung? Mit der Zeit regte sich in mir eine beunruhigende Ahnung: Vielleicht hatte ich gar keine Berufung. Vielleicht gab es für mich gar keine allumfassende Leidenschaft, die ich nur lang genug suchen musste, um sie zu finden. Würde das dann heißen, dass ich nie ein erfülltes Leben führen könnte? Sondern nur eins, das «Spaß machte»?

## Mein gar nicht mehr so lineares Leben

Mit diesen diffusen Gedanken und Gefühlen baute ich mir nach dem Studium ein Leben in Berlin und als Organisationsberaterin auf. Ich war dem Druck meiner Mitstudenten, meiner Familie oder «der Gesellschaft» gefolgt und hatte mir einfach etwas ausgesucht, mit dem ich jetzt einen Großteil meines Lebens und mein Bankkonto füllen konnte. Renteneinzahlungen und mehrjährige Entwicklungspläne inklusive. Die Erfolglosigkeit meiner Taktik «Ich probiere einfach ganz viele Dinge aus, und irgendwann finde ich schon meine Berufung» zeigte sich mir besonders deutlich während meines Einstellungsgesprächs mit dem Chef der Beratungsfirma, bei der ich anfing. Das hier ist also Kopf-Foto Nummer 4: Ich sitze in einem kleinen Zimmer mit riesigem Fenster vor einem runden Tisch. An der Wand gegenüber hängt ein Whiteboard mit einigen Post-its, die fein säuberlich in Reihen angeordnet sind. Davor sitzt mein neuer Chef. Er sieht mich an, die Beine in einer entspannten Haltung übereinandergeschlagen, eine Art motivierende Autorität auf dem Gesicht, und sagt: «Dein größtes Entwicklungsfeld ist es, einen Fokus zu finden, Nina.»

Ich weiß noch, wie ich damals nickte und energisch alle innerlichen Türen zuschlug, die ich mir bislang offen gehalten hatte. Ich würde es versuchen. So wie alle anderen auch. Ich würde meine Aufmerksamkeit auf meine Arbeit richten und mir alle notwendigen «Skills» aneignen, um die beste Organisationsberaterin zu werden, die in mir steckte. Denn so war das eben. Mehrere Dinge kann man nicht machen. Mehrere Dinge verwirren die Leute nur. Wenn ich auf einer Party gefragt wurde, «was ich denn so machte», antwortete ich immer mit: «Ich arbeite in einer Organisationsberatung.» Das allein inspirierte genug Rückfragen, um ein Gespräch am Laufen zu halten – und vor allem klang es danach, als hätte ich einen Masterplan. Nina, die Organisationsberaterin. Dass ich in der Beratung auf eine 80-Prozent-Stelle bestanden hatte (eigentlich eine absolute Rarität in dieser Branche) und an meinem fünften Tag versuchte, an meinen Schreibprojekten zu arbeiten, verschwieg ich lieber. Das hätte nur zu Verwirrung geführt, und außerdem hätte ich mir und meiner Gesprächspartnerin dann eingestehen müssen, dass ich absolut keinen Masterplan hatte, wenn es um das Schreiben ging. Diese Enttäuschung ersparte ich uns lieber.

Heute würde ich die Vorstellung, die ich damals vom Leben hatte, als «linear» beschreiben. Ich war bislang an mein Leben so herangegangen, als könne ich alle Dinge, die ich im Leben machen wollte, beliebig auf einem Zeitstrahl von grob 90 Jahren verteilen. Erst würde ich Beraterin werden und zwischendrin Kinder aufziehen, mich irgendwann selbständig machen und in der Rente vielleicht ernsthaft zum Schreiben zurückkehren. Dann würde ich schließlich Zeit haben und wäre auf das Geld hoffentlich nicht mehr angewiesen. Die Logik dahinter: schön der Reihe nach, eins nach dem anderen.

Mein Plan sah in etwa so aus:

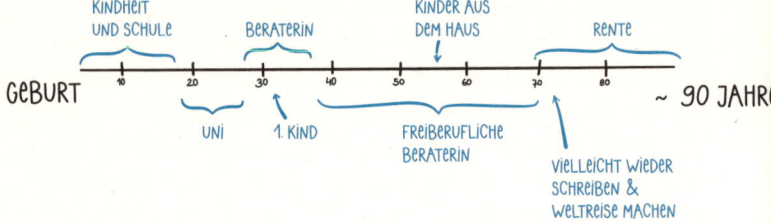

Ich lebte also nach einem klar linearen Lebensmodell – hatte einen großen, allumfassenden Masterplan. Natürlich gab es bei diesem Plan ein paar weiße Flecken (wo genau war denn hier eigentlich die Berufung?), aber im Großen und Ganzen hätte ich jedem, der danach fragte, in etwa von diesem Modell erzählt.

Vielleicht kommt dir die Sache mit dem Masterplan bekannt vor – versuch dich ruhig mal an einer Zeichnung deines eigenen linearen Lebensmodells. Wie lang ist deine Lebenslinie? Welche Lebensphasen möchtest du verteilen? Wie würde es sich anfühlen, wenn du beim nächsten Familienfest auf die Frage «Was machst du denn so?» mit diesem Masterplan antworten würdest? Und wie fühlt es sich an, wenn du ganz still, nur für dich, über dieses lineare Leben nachdenkst?

Dann kam die Sache mit meinem Herzen, und plötzlich hatte ich das Gefühl, mein Leben viel zu beiläufig gelebt zu haben. Ich war wie selbstverständlich davon ausgegangen, alles, was ich erleben wollte, auf einem Zeitstrahl einer bestimmten Länge verteilen zu können. Lag die durchschnittliche Lebenserwartung einer Frau in Deutschland nicht bei etwa 80 Jahren? Das hieß doch, dass meine Lebenslinie mindestens so lang sein würde. Wie beim Ablaufdatum des Käses im Kühlschrank: eine Art Garantie, mit der man planen kann. Vielleicht ist der Käse sogar ein paar Tage später noch genießbar, wenn man Glück hat.

Die Erfahrung meiner Sterblichkeit ließ all das plötzlich lächerlich erscheinen. Wie konnte ich davon ausgehen, dass ich noch genug Zeit haben würde, um alle meine Pläne und Wünsche zu erfüllen – und meine wahre Berufung zu finden?

All diese Gedanken trug ich also im Urlaub nach meinem ersten Defi-Schock mit mir herum. Besonders oft musste ich an etwas denken, das mir direkt nach dem Erhalt meiner neuen Diagnose durch den Kopf gegangen war: Ich habe kein zweites Buch geschrieben. Das wollte ich doch immer.

## Die Kunst, sich selbst ernst zu nehmen

Als ich elf Jahre alt war, las ich ein Buch einer französischen Autorin mit dem Titel *Das Orakel von Oonagh*. Die Autorin hieß Flavia Bujor und war erst dreizehn Jahre alt. Ich weiß noch, wie ich auf dem Bett meiner Cousine lag und sie mir erzählte, wie jung das für eine Autorin sei. Es gäbe kaum Menschen, die in einem so jungen Alter ein Buch veröffentlichen. Mein kindliches Gehirn bastelte daraus eine Aufforderung: Was Flavia konnte, das konnte ich auch. Schließlich hatte ich ja schon immer viel geschrieben, und meine kleinen Geschichten wurden sogar hin und wieder im örtlichen Gemeindeblatt veröffentlicht. Ein Buch war ja am Ende auch nichts anderes als eine lange Geschichte, oder?

Es stellte sich heraus, dass ein Buch zu schreiben dann doch nicht ganz so einfach war. Aber ich gab nicht auf, und drei Jahre später stand ich auf der Leipziger Buchmesse und präsentierte meinen eigenen Fantasyroman. Er war in einem winzigen Verlag erschienen, ohne langwieriges Lektorat. Die Handlung rankte sich um einen Prinzen, der sein verwunschenes Land vor dem Untergang bewahren musste. Es folgten einige Monate mit Lesungen und Interviews, die in mir das unangenehme Gefühl hervorriefen, anders zu sein, nicht reinzupassen in die Gruppe meiner Gleichaltrigen. Sollte ich mich nicht eher um Jungs und Partyabende kümmern, als in fremden Städten fremden Sechstklässlern aus meinem Buch vorzulesen? War ich nicht schon seltsam genug durch meine Epilepsie und meine guten Noten?

Als ich sechzehn war, hörte ich also auf zu schreiben. Für Jahre. Ich konzentrierte mich auf die Schule, später auf das Studium und sowieso immer darauf, irgendwann Karriere zu machen. Schreiben passte da nicht rein. Schreiben war «brotlose Kunst» – das hatte meine Oma mir schon vor meiner ersten Romanveröffentlichung gesagt. Ich weiß noch ganz genau, wie sie dasaß, in dem Sessel vor dem Kamin, und mich bat, mir etwas Vernünftiges zu suchen, denn vom Schreiben könne man nicht leben. Obwohl ich diese Oma nur äußerst selten sah und obwohl sie mittlerweile schon seit Jahren tot ist, hängen mir ihre Worte nach. Woran das liegt, weiß ich nicht, denn ich hatte andere Menschen in meinem Leben, die mich im Schreiben unterstützten: Meine Mutter tippte meine krakeligen Texte ab und fuhr mich quer durch die Republik zu Lesungen. Mein

Deutschlehrer las alle Fassungen meines Romans und schrieb Korrekturen und Kommentare dazu. Trotzdem gab ich das Schreiben auf.

Mit meiner neuen Diagnose und der Einsicht, dass ich eventuell nicht mehr ewig Zeit hatte, kam mir mit dem Schreiben aufgehört zu haben wie ein riesiger Fehler vor. Hatte ich wirklich gedacht, dass ich, «wenn es sein sollte», schon wieder zum Schreiben zurückfinden würde? Dass das Schreiben nicht so wichtig war, weil es nicht lukrativ war? Dass es meine Zeit nicht wert war, weil ich möglicherweise nie so gut werden würde wie die großen Autorinnen und Autoren?

In den letzten Monaten vor meiner neuen Diagnose (und mit viel Ermunterung durch Ben) hatte ich zwar begonnen, mehr zu schreiben – aber richtig ernst genommen hatte ich es nicht. Den Wochentag, den ich dank meiner 80-Prozent-Stelle freihatte, verbrachte ich zwar offiziell mit Schreiben – aber eigentlich standen Arztbesuche, Einkaufstrips und Hafer-Lattes in Berliner Cafés auf dem Programm.

Meine Sterblichkeit zeigte mir: Es fehlte die Ernsthaftigkeit. Und damit meine ich nicht harte Arbeit. Ich meine die Art und Weise, mit der ich meinen eigenen Bedürfnissen begegnete. Es waren Gedanken wie «Ach, das Schreiben macht mir zwar Spaß, aber so wichtig ist das jetzt auch nicht. Bestimmt finde ich demnächst Zeit dafür», die mich davon abhielten, etwas zu tun, das ich eigentlich unbedingt tun wollte.

Ich beschloss, meinen Wunsch, ein weiteres Buch zu schreiben, ernst zu nehmen. Das heißt nicht, dass ich nach meiner Sterblichkeitserfahrung meine Berufung im Schreiben fand. Woher sollte ich schließlich von jetzt auf gleich wissen, ob der Beruf einer Schriftstellerin oder Journalistin wirklich etwas Dauerhaftes für mich war: die langen Stunden des einsamen Schreibens, die Kritik, die Schreibblockaden. Trotzdem ging ich irgendwann zu meinem Chef und bat um zwei Monate unbezahlten Urlaub, um an meinen Schreibprojekten zu arbeiten. Mein Chef stimmte zu – und ich verbrachte im Jahr 2019 zwei wunderschöne und auch sehr frustrierende Monate in England. Wunderschön, weil ich die Zeit mit Ben verbrachte, der dort wohnte – wir unternahmen Fahrradausflüge und entdeckten zusammen sämtliche Cafés. Frustrierend, weil ich wochenlang versuchte, eine Artikelidee an Zeitungen zu verkaufen, und immer wieder scheiterte. Ablehnung nach Ablehnung oder einfach nur endloses Schweigen kamen von den Journalisten zurück. Erst am vorletzten Tag meines Aufenthaltes in England bekam ich eine Zusage vom Süddeutsche Zeitung Magazin. Etwas später würde der Artikel wochenlang als «meistgelesen» auf ihrer Website stehen.

Nach diesem ersten Erfolg kreisten meine Gedanken um die Frage: Gibt es noch andere Dinge, die ich bislang nicht ernst genommen habe, obwohl sie mir eigentlich wichtig sind? Mir fiel einiges ein, etwa das Klavierspielen, mehr Zeit in der Natur oder Freundschaften, die ich intensivieren wollte. Ich wollte aufhören, diese Lebensinhalte immer wieder zu beschneiden und sie anderen (weniger wichtigen) Beschäftigungen zu opfern. Ich wollte aufhören, nur den Dingen nachzugehen, die in einen großen Plan passten. Meine Prioritäten verschoben sich.

## Wie man lebt, wenn man weiß, dass man sterben wird

Mit der Zeit begrub ich die Vorstellung, einen Masterplan haben zu müssen. Das ist schwieriger, als es klingt. Es funktioniert nicht, indem man sich einen Spruch wie «*Life happens while you're busy making other plans*» an die Wand hängt. Es klappt auch nicht, indem man sich einfach ganz fest vornimmt, «im Moment» zu leben. Als Menschen sind wir von Natur aus zukunftsorientiert – das ist es ja gerade, was uns ausmacht. Wir machen uns Sorgen, freuen uns, haben Angst, sichern uns ab – und das alles in Gedanken an die Zukunft. Wie kommt man da an einer Art Masterplan vorbei?

Meine Abkehr vom linearen Masterplan geschah eher nebenbei. Ich stellte es erst fest, als es bereits passiert war: Ich wusste, dass ich keine Aussage mehr darüber treffen wollte, wie lange ich in meiner Firma bleiben, wie lange ich in Berlin wohnen und wann ich noch mal ins Ausland gehen wollte. Mich selbst kennenlernen und meinen Träumen nachgehen? Ja. Pläne für die Zukunft machen, die festlegen, wie ich zu leben habe, und mich einschränken? Nein.

Irgendwann schrieb ich diese Einsichten auf und nannte sie mein «Sterblichkeitsmanifest»:

## STERBLICHKEITSMANIFEST

1. ICH HABE NICHT DIE EINE BERUFUNG.

2. ICH KANN NICHT WISSEN, WAS ICH WILL, EHE ICH ES NICHT PROBIERT HABE.

3. ICH HABE MEHR FREIHEIT IM LEBEN, ALS ICH DENKE.

Mein Streben nach der *einen* Berufung war das Erste, was ich aufgab. Ich hatte erkannt: Das, was mich wirklich glücklich machen wird, ist nicht der Fokus auf eine einzige Sache. Ich brauche *mehrere* Dinge. Vielleicht ist ja gerade das meine Berufung?

Danach löste ich mich von der Erwartung, dass mir doch

eigentlich klar sein sollte, was ich will. Ich hatte immer dieses Idealbild im Kopf: eine Frau, die «weiß, was sie will», und sich von niemandem reinreden lässt. Über meinem Spiegel hängt noch immer eine Postkarte, auf der in großen Buchstaben steht: *I can and I will. Watch me.* Ich stehe auch noch immer hinter diesem Idealbild (besonders beim Thema Selbstbestimmung und Emanzipation), aber ich habe mich von einer Sache befreit: dem Druck, in jeder Situation genau wissen zu müssen, was ich will. Wenn ich gar nicht weiß, wie es ist, vierzig zu sein – warum sollte ich dann jetzt entscheiden, was mich zu diesem Zeitpunkt glücklich machen wird? Wenn ich gar nicht weiß, wie es ist, Vollzeitschriftstellerin zu sein – warum sollte ich dann jetzt sagen können, ob ich das möchte oder nicht? Was ich für meine Entwicklung brauche, ist ein aktives Vortasten, ein gezieltes Ausprobieren, um herauszufinden, welche Richtung ich wirklich einschlagen möchte. Das hilft mir mehr dabei, mir ein glückliches Leben aufzubauen, als ein langjähriger Masterplan.

Denn – und das ist der dritte Punkt auf meinem Sterblichkeitsmanifest – ich habe mehr Freiheit und Gestaltungsmöglichkeit in meinem Leben, als ich es selbst oft denke. Nur weil es in unserer Gesellschaft beinahe in Stein gemeißelt ist, dass man in seinem Job fünf Tage arbeiten sollte, heißt das nicht, dass ich keinen Job finden kann, der nur vier Tage meiner Zeit in Anspruch nimmt und mir einen Tag für andere Projekte lässt. Nur weil ich eine potenziell tödliche Herzbedingung habe, heißt das nicht, dass ich die Welt nicht mehr entdecken kann.

Am Ende hatte meine Diagnose also doch etwas Gutes. Sogar sehr viel Gutes. Ich habe mich, mein Umfeld und meinen Körper neu kennengelernt. Die Herzrhythmusstörung hat mir gezeigt, wie viele Dinge ich am Leben liebe, wie stark mein Herz ist und, vor allem, wie viel Freiheit wir haben, unser Leben zu gestalten – meine Generation sogar sehr viel mehr als die vorherigen.

Was allerdings am wichtigsten ist: Man muss nicht fast sterben, um zu diesen Einsichten zu gelangen. Man muss sich noch nicht einmal intensiv mit dem Thema Tod beschäftigen. Die eigene Vergänglichkeit zu erfahren, ist nicht der einzige Weg, um in Konflikt mit dem rigiden Masterplan zu kommen. Die Verhältnisse in unserer Welt machen es sogar notwendig, diese alten Modelle grundsätzlich in Frage zu stellen. Im nächsten Kapitel kläre ich, woran das liegt und warum Masterpläne immer weniger zu unserer Lebensrealität passen.

Sterblich oder unsterblich: Es ist Zeit für eine Alternative zum Masterplan, Zeit für ein neues Lebensmodell, Zeit für ein Leben, das zu unserer Welt passt.

# KAPITEL 2
# Die neue Zeit

Im Frühjahr 2016 saß ich im Büro eines Professors der *London School of Economics and Political Sciences*. Ich lebte gerade ein Jahr in London, um dort meinen Masterabschluss in kultureller Psychologie zu machen. Gerade hatte ich dem Professor von einer Essay-Idee erzählt und beendete meinen Monolog mit den Worten: «Wir leben in besonderen Zeiten. Noch nie hat sich die Welt so schnell verändert wie heutzutage!»

Der Professor, ein hochgewachsener Mann mit buschigen Augenbrauen, sah mich an und sagte in etwa Folgendes: «Seit es Menschen gibt, denken sie in jedem Zeitalter und in jeder Generation, dass ihre Welt an einem Scheideweg steht. Die Gegenwart kommt uns immer als die interessanteste aller Zeiten vor. Aber warum sollte gerade jetzt, wo wir beide zufällig auf der Welt sind, alles so besonders sein? Ist das nicht eine ziemlich selbstbezogene Annahme?»

Ich wusste damals nicht, was ich darauf antworten sollte. Stattdessen verwarf ich meine Essay-Idee. Der Kommentar meines Professors blieb mir jedoch lange im Gedächtnis, und wann immer irgendein hochbezahlter Speaker auf irgendeiner Bühne irgendeiner Innovationskonferenz davon sprach, dass die Welt noch nie so besonders gewesen sei wie jetzt, musste ich denken: «Nimm dich doch bitte selbst nicht so wichtig.»

Doch gibt es einige Hinweise darauf, dass unsere Welt sich tatsächlich gerade am Anfang eines großen gesellschaftlichen und technologischen Umbruchs befindet. Mittlerweile frage ich mich: Ist es nicht doch berechtigt zu sagen, dass wir in besonderen Zeiten leben?

Mit dieser Frage möchte ich mich auf den folgenden Seiten beschäftigen, denn ihre Beantwortung wird uns klarmachen, warum das Masterplan-Modell lange so verbreitet war und warum eine Abkehr von ihm in unserer Zeit dringend nötig ist.

## Eine unvorhersehbare Welt

Die Welt von heute sieht um einiges anders aus als noch vor ein paar Jahrzehnten. Das Leben der jüngeren Generationen unterscheidet sich sehr von dem ihrer Eltern und Großeltern.

Als meine Mutter geboren wurde, durften Frauen in Deutschland ohne die Unterschrift ihres Mannes kein Bankkonto eröffnen, und Frauen in der Schweiz durften noch nicht einmal wählen. Anstatt wie mein Großvater einmal täglich eine Tageszeitung zu lesen, werden wir heute über Nachrichtenticker, Twitter und WhatsApp ständig auf dem Laufenden gehalten. Anstatt wochenlang auf Briefe aus dem Ausland zu warten, können wir jetzt in die Ferne reisen und trotzdem per Videocall beim Geburtstag unserer Oma dabei sein. Anstatt Konflikte in fernen Ländern über den Fernseher zu beobachten und nach dem Ausschalten vergessen zu können, erleben wir heute die gesellschaftlichen Folgen dieser Kriege – und müssen unserer Verantwortung nachkommen, immer mehr Menschen Schutz zu bieten. Anstatt einer klaren Trennung zwischen Privat- und Arbeitsleben können wir jetzt im Bett E-Mails an die Chefin schreiben und den Abend im Büro an der integrierten Minibar oder dem Tischkicker ausklingen lassen. Anstatt politische Grabenkämpfe zwischen USA und Sowjetunion in einer dualistischen Weltordnung zu verfolgen, müssen wir jetzt verschiedenste Figuren auf dem Spielbrett der Politik im Auge behalten. Anstatt Extremwetterereignisse in fernen Ländern als Randnotiz zu behandeln, müssen wir uns jetzt fragen, was unser Lebensstil in Deutschland damit zu tun hat.

Und einer der wichtigsten Punkte: Intelligente Maschinen übernehmen zunehmend Jobs, die früher nur durch Menschen ausgeführt werden konnten. Diese Entwicklungen werden nicht nur Menschen in logistischen Berufen betreffen, sondern auch solche, die etwa im Gesundheitswesen oder der Bankenbranche arbeiten – Berufe, für die zurzeit ein Studium notwendig ist. Eine Reihe von Wissenschaftlerinnen und Wissenschaftlern, darunter der Oxford-Philosoph Nick Bostrom, befürchten gar eine «Intelligenzexplosion», durch die Maschinen große Teile der Wirtschaft in kürzester Zeit auf den Kopf stellen würden und viele Menschen neue Jobs erlernen müssten. Erste Anzeichen gibt es bereits: Allein in den kommenden drei Jahren müssen laut dem IT- und Beratungsunternehmen IBM 120 Millionen Arbeitnehmende weltweit aufgrund der Auswirkungen von künstlicher Intelligenz umgeschult werden.

Meine Liste der Veränderungen könnte ich ohne Probleme noch lange fortsetzen und würde selbst dann noch eine Menge unter den Tisch fallen lassen. Ich denke, es ist klar, worauf ich hinauswill. Wie die oben beschriebenen Entwicklungen unser Leben beeinflussen werden, ist noch alles andere als gewiss. Trotzdem lässt sich feststellen, dass unsere Gegenwart sich grundsätzlich von der Lebenswelt voriger Generationen unterscheidet. Seit der Nachkriegszeit war das Leben in Deutschland von Gewissheiten geprägt, die den Alltag vielleicht nicht undynamisch oder sorgenfrei machten, aber doch einigermaßen berechenbar. Diese Berechenbarkeit gibt es in der heutigen Welt nicht mehr. Es fällt uns immer schwerer, Sachverhalte in einfache Kategorien wie «richtig» oder «falsch», «gut» oder «böse» und sogar «wahr» oder «unwahr» einzuteilen. Gewissheiten gehören der Vergangenheit an. In vielen gesellschaftlichen Bereichen ist das eine riesige Errungenschaft – denken wir nur mal an das Thema Sexualität. Heute können wir freiere Entscheidungen treffen als noch vor ein paar Jahrzehnten, als es einen scheinbar klar «richtigen» und einen scheinbar klar «falschen» Weg gab. Aber es macht unsere Welt ohne Zweifel komplexer – und mit dieser Komplexität müssen wir lernen umzugehen.

Natürlich gab es auch im Leben der Generationen vor uns viele Veränderungen, vielschichtige Probleme und schreckliche Katastrophen. Ich möchte hier nicht so tun, als hätten es frühere Generationen leichter gehabt, und in eine falsche Nostalgie für alte Zeiten abrutschen. Schließlich hat schon der berühmte Schriftsteller Stefan Zweig, der in seinem Leben zwei Weltkriege erleben musste, über seine Eltern und Großeltern gesagt: «Wie liliputanisch waren alle diese Sorgen, wie windstill jene Zeit! Sie hat es besser getroffen, jene Generation meiner Eltern und Großeltern, sie hat still, gerade und klar ihr Leben von einem bis zum anderen Ende gelebt.»

Mein damaliger Uniprofessor hatte schon recht, als er sagte, dass jede Generation Anlass hat, ihre Zeit als eine ganz besondere zu empfinden. Die jüngeren deutschen Generationen können selbstverständlich nicht nachfühlen, wie es ist, wenn das eigene Leben von Kriegen und Verfolgung bedroht ist.

Aber die Vergangenheit war oft von singulären Ereignissen geprägt – von Weltkriegen und politischen Umbrüchen. Heute erleben wir eine globale Dynamik, die ungebremster als je zuvor bei uns ankommt und uns vor noch nie da gewesene Herausforderungen stellt. Sie erfasst unsere politischen Systeme, unser privates Umfeld und unsere Identität und gibt uns dabei mehr Fragen auf, als sie Antworten liefert: Wodurch wurden gewisse Veränderungen ausgelöst? Wer ist «schuld» an gewissen Entwicklungen? Welche möglichen Zukünfte ergeben sich daraus? Einfache Narrative können hier nicht mehr die Antwort sein.

Die Wissenschaft hat einen Namen für die heutige dynamische und unberechenbare Welt gefunden. Sie nennt sie die VUKA-Welt – also eine **v**olatile, **u**ngewisse, **k**omplexe und **a**mbige (mehrdeutige) Welt. Das Akronym wurde an einem amerikanischen Militärcollege zum Ende des Kalten Krieges entwickelt, um die neue multipolare Welt zu beschreiben, in der sich nicht mehr nur die USA und die Sowjetunion die Macht teilen, sondern viele Staaten stärker mitbestimmen, wie China, Indien, Brasilien oder europäische Länderverbünde.

### Die VUKA-Welt

- Volatil: Veränderungen werden schneller vorangetrieben.
- Ungewiss: Die Zukunft ist schwierig vorauszusehen.
- Komplex: Die Anzahl der Teile des Systems, die miteinander verbunden sind, ist gestiegen.
- Ambig (mehrdeutig): Es ist schwierig, akkurate Entscheidungen zu treffen, selbst wenn man alle Informationen hat.

Immer wieder zeigt unsere Welt heutzutage, dass sie als VUKA zu betrachten ist. Denken wir an den Beginn der COVID-19-Pandemie zurück. Damals breitete sich das Virus in unheimlicher Geschwindigkeit über den gesamten Globus aus. Zahlreiche Länder verhängten Ausgangssperren, soziale Kontakte liefen einzig über digitale Technologien ab. Die Entwicklungen waren ohne Frage *volatil*: Jeden Tag gab es Neuigkeiten, plötzlich fanden wir uns in einem Zustand wieder, in dem die deutsche Polizei mich daran gehindert hätte, mit meinen Freundinnen gemeinsam einen Geburtstagskuchen zu essen. Wenige Wochen zuvor hätte ich das noch nicht für möglich gehalten.

Die Zukunft war *ungewiss*: Kaum jemand traute sich zu Beginn der Pandemie, Aussagen über die weitere Entwicklung des Virus zu machen. Wie lange würden die Zahlen der Betroffenen noch in die Höhe schnellen?

Die Lage war *komplex*: Welche Teile des gesellschaftlichen Lebens mussten am Laufen gehalten werden, da sie «systemrelevant» waren? Welche Reaktionen auf das Virus planten andere Länder, und welche Auswirkungen würde das auf Deutschland haben?

Außerdem war die Bedeutung vieler Maßnahmen nicht klar – sie waren mehrdeutig (*ambig*): Würden die technologischen Antworten auf das COVID-19-Virus, wie z. B. Tracking Apps, unsere Rettung sein oder das Aufgeben unserer Privatsphäre bedeuten?

Keine einfache Situation also – und keine einfache Welt, in der wir uns bewegen. Nicht nur zu Zeiten von Pandemien wie COVID-19.

Unternehmen beschäftigen sich schon länger mit der VUKA-Welt und einer notwendigen Reaktion auf diese. «VUKA-Welt» ist mittlerweile zu einer Art Buzzword geworden, also einem Wort, das so abgenutzt ist, dass es schon fast wieder inhaltsleer klingt. Es hat manchmal den Anschein, als könne man alle Managemententscheidungen mit der VUKA-Welt begründen. Aber vermutlich ist das berechtigt. Unternehmen, die sich jetzt nicht vorbereiten, laufen Gefahr, durch den nächsten großen Schock im System oder schlicht durch eine schleichende Veränderung obsolet zu werden. In meinem

Job als Organisationsberaterin habe ich Unternehmen unter anderem dabei geholfen, agile Arbeitsmethoden anzuwenden – eine der Antworten auf die VUKA-Welt, die die Wirtschaft gefunden hat.

## Agile Arbeitsmethoden

Zu den agilen Arbeitsmethoden werden Methoden wie Scrum, Design Thinking und Lean gezählt. All diesen Methoden ist eine agile Arbeitsweise gemein – also anstatt einer langfristigen, starren Planung eine nichtlineare, auf kurzfristigen Arbeitsblöcken und schnellen Verbesserungszyklen basierende Art, Projekte durchzuführen. Die Grundsätze des agilen Arbeitens werden dir in diesem Buch noch häufiger begegnen, wir können uns nämlich einiges von ihnen für unsere Lebensführung abschauen.

Aber wenn du nicht gerade CEO einer Firma oder medizinische Beraterin der Bundesregierung bist, was hat die VUKA-Welt dann mit dir zu tun? Werfen wir einen Blick auf den Bereich Liebe und Partnerschaft. Ein – zugegeben – etwas extremes Beispiel aus früheren Zeiten könnte sein: Peter aus Elbingerode muss nicht lange nach seiner Zukünftigen suchen, ein paar Häuser weiter wohnt, seit er denken kann, Marie. Sie ist in seinem Alter, und die Familien mögen sich. Ende der Geschichte.

In der Gegenwart sieht das Ganze etwas anders aus: Heute käme Peter durch seine Ausbildung in einer großen Stadt und im Ausland sowie durch die Möglichkeiten des Internets mit so vielen potenziellen Partnerinnen in Kontakt, dass er jede Woche auf ein anderes Date gehen könnte (Peter ist natürlich wahnsinnig attraktiv). Allerdings ist das Angebot auf dem Dating-Markt ziemlich *volatil*: Wenn er ein gewisses Zeitfenster verpasst, läuft er Gefahr, dass sein Date Marie bereits jemand anderen hat oder in eine andere Stadt zieht und das Interesse an ihm verliert. Außerdem ist die ganze Sache *ungewiss*: Wie wird Marie reagieren, wenn er ihr schreibt – schließlich hat sie alle Freiheiten, ihm zu- oder abzusagen. Vielleicht steht sie ja gar nicht auf Männer oder hat bereits einen Freund, von dem Peter nur noch nichts weiß? Dann kommt noch die *Komplexität* hinzu: Wenn Peter mit Marie auf ein paar Dates geht und gleichzeitig eine Dating-App nutzt, läuft er Gefahr, dass sie das mitbekommt. Muss er sich also sofort von der App abmelden und so seine Chancen bei anderen Dates verschlechtern, sobald er es mit Marie ernster meint? Und was heißt das überhaupt – «es ernst meinen»? Wenn Marie sagt: «Das war ein schöner Abend», oder gar «Ich liebe dich» – was genau ist dann damit gemeint? Ist die Beziehung der beiden dann exklusiv, oder sagt sie das auch zu anderen Menschen? Möchte sie eine monogame oder vielleicht doch eine polyamore Beziehung – oder am Ende gar keine? Mit so viel *Ambiguität* muss Peter erst mal umgehen können.

Die VUKA-Welt betrifft also so ziemlich jeden Bereich unseres Lebens. Wenn wir Pläne schmieden, müssen wir sie unter den VUKA-Gegebenheiten umsetzen. Diese Art zu leben hat die jüngeren Generationen im Vergleich zu den vorherigen erheblich geprägt. Darauf gibt es auch einen wissenschaftlichen Blick – er nennt sich Generationenforschung. Die Erkenntnisse aus diesem Bereich werden uns zeigen, warum das Masterplan-Modell so verbreitet ist – und warum es zu uns einfach nicht mehr passt.

## Wie anders sind wir wirklich?

Beginnen wir mit den Generationen, denen vermutlich viele unserer Eltern angehören – also mit den sogenannten Babyboomern und der Generation X (die zeitlichen Einordnungen der Generationen findest du im Kasten weiter unten). Sie sind noch in einer vorhersehbareren Welt aufgewachsen, in denen kein Manager das Wort VUKA kannte und Entscheidungen entlang von Fünf- oder gar Zehn-Jahres-Plänen getroffen wurden. Das konnte man in dieser Welt auch getrost tun. Schließlich war sie geprägt von wachsender Sicherheit: Die Babyboomer genossen im Vergleich zu ihren Eltern, die im oder nach dem Zweiten Weltkrieg aufgewachsen waren, eine sich stetig verbessernde medizinische Versorgung, wachsende Industrie- und Technologiesektoren und eine von dualistischen Weltmächten geprägte und relativ zu anderen Zeiten eher um Verständigung bemühte Politik. Vielleicht ist es die Sehnsucht nach Sicherheit, die ihnen von ihren Eltern mitgegeben wurde, die eine Drei-Phasen-Biographie so attraktiv für sie macht: Erst durchläuft man Schule und Ausbildung, es folgt die Arbeit, und schließlich wird man mit der Rente belohnt. Die Arbeit ist dabei wohlgemerkt für viele der älteren Generationen ein Mittel zum Zweck – eine Art und Weise, die Lebenskosten zu decken und etwas zu tun zu haben.

Vielen entspricht die Drei-Phasen-Biographie sogar so sehr, dass sie ihr gesamtes Arbeitsleben nicht nur im selben Beruf, sondern sogar in derselben Firma verbringen – etwas, das in den jüngeren Generationen zu einer Seltenheit geworden ist. Die Babyboomer und insbesondere die Generation X genossen den Wohlstand, der durch ihre Elterngeneration langsam erarbeitet worden war, was sich in einem veränderten Konsumverhalten ausdrückte. Die Generation, die ihre Jugend in den

80er Jahren verbrachte, wird daher zum Beispiel «Generation Golf» genannt, benannt nach dem bekannten VW-Modell. Statusobjekte wurden für viele zum Zentrum der Sehnsucht.

## Die unterschiedlichen Generationen

Generationen werden in der Regel nach Perioden von Geburtsjahren unterteilt. Je nach Quelle variieren diese Jahre leicht – das hängt oft damit zusammen, welches Land als Basis genommen wurde. Weltweit gibt es unterschiedliche, einschneidende Erlebnisse, die die jeweiligen Generationen formen: in Deutschland zum Beispiel der Mauerfall Ende der 80er Jahre. Trotzdem beruhen viele Einteilungen der Generationen auf den Entwicklungen in den USA. Hier eine entsprechend grobe Illustration der Generationen:

DIE NACHKRIEGSGENERATIONEN NACH GEBURTSJAHREN

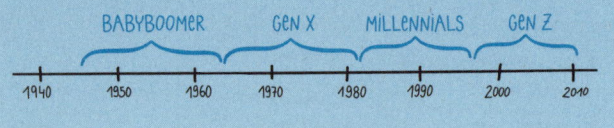

Für die jüngeren Generationen, also Millennials und Generation Z, gelten ganz andere Startbedingungen.

Die Kindheit und Jugend der Millennials – auch Generation Y genannt – waren geprägt von der aufkommenden Digitalisierung. Millennials erinnern sich an Zeiten, zu denen das Modem noch seinen kratzigen und piepsigen Singsang veranstaltete, wann immer man das Internet startete. Telefonieren und im Internet surfen ging nicht gleichzeitig, und Snake war mit Abstand das coolste Spiel auf dem Handy – wenn nicht gar das einzige. Heute jedoch sind die digitalen Medien nicht mehr aus ihrem Leben wegzudenken: Den Millennials und der nachfolgenden Generation Z wird aufgrund ihres Drangs nach ständiger Erreichbarkeit eine «Always-On»-Mentalität nachgesagt und aufgrund ihrer Nutzung von sozialen Netzwerken das Motto: «Ich poste, also bin ich.» Diese Darstellung der eigenen Individualität hat den Millennials sogar die Bezeichnung «Generation Me» eingetragen.

Entscheidend für die Lebensrealität vieler jüngerer Generationen war ebenfalls die Globalisierung: beginnend mit der Möglichkeit, Reisen in die unterschiedlichsten Länder und Kontinente zu unternehmen, bis zu organisierten Schul- und Studienaustauschen, die sie mit fremden Kulturen in Kontakt brachten. Fun Fact: Seit dem Start des europäischen Studierendenaustauschprogramms sind etwa eine Million Erasmus-Babys geboren worden.

In der Arbeitswelt fordern Millennials oft eine Vereinbarung von Arbeit und Privatleben – und zwar nicht nach der Logik Work-Life-Balance (das ist *so* Generation X), sondern nach dem Motto Work-Life-Integration: Leben und Arbeiten sollen eins werden und keine Gegensätze bleiben, die in einem Nullsummenspiel an der eigenen Lebenszeit zerren. Natürlich kennen auch die jüngeren Generationen die Sehnsucht nach Statusobjekten, aber in den letzten Jahren hat sich diese Sehnsucht auf immaterielle Statussignale wie Bildung oder soziale Kontakte verlagert. Millennials sind damit an der Spitze der Maslow'schen Bedürfnispyramide angekommen. Ihr Ziel ist es, sich selbst zu verwirklichen. Die Generation Z, der eine Welt ohne Internet fremd ist, geht noch einen Schritt weiter:

Sie besinnt sich stärker auf das Kollektiv, als es die Millennials tun, und setzt sich mehr für gesellschaftliche Ziele ein, wie beispielsweise die Klimabewegung *Fridays for Future*.

## Maslow'sche Bedürfnispyramide

Abraham Maslow veröffentlichte im Jahr 1943 eine erste Version seiner «Bedürfnishierarchie». In diesem sozialpsychologischen Modell stellt Maslow die hierarchische Struktur der menschlichen Motivationen und Bedürfnisse dar. Seiner Ansicht nach ordnen sich die Bedürfnisse von Menschen nach Prioritäten: Ich brauche erst Zugang zu Essen und Trinken, bevor ich darüber nachdenken kann, ob ich mir ein neues Smartphone kaufe.

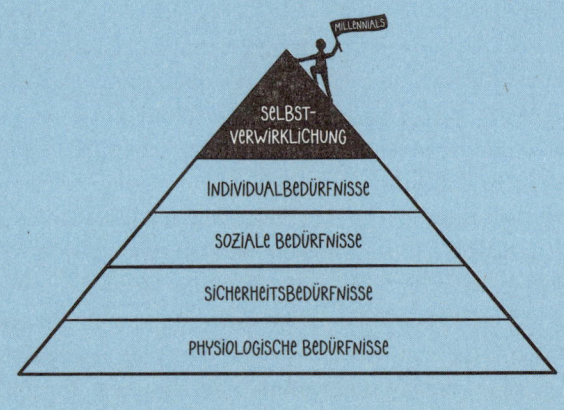

MASLOWS URSPRÜNGLICHE BEDÜRFNISHIERARCHIE ALS PYRAMIDE

Das ist natürlich nur ein grober Abriss der Generationenforschung. Man kann hier noch beliebig in die Tiefe gehen, das Ganze in die äußeren Entwicklungen der VUKA-Welt einordnen und kausal miteinander verbinden, aber das birgt auch Schwierigkeiten. Pauschale Aussagen über Generationen zu treffen kollidiert immer mit individuellen Perspektiven. Such dir gerne aus, ob und zu welcher Generation du dich zugehörig fühlst, egal in welchem Jahr du geboren bist. Außerdem spielt es in vielen Belangen keine Rolle, in welcher Generation du aufgewachsen bist: Klar, es kann viele Einstellungen und Lebensentscheidungen erklären, aber mit der VUKA-Welt müssen wir heute alle klarkommen – egal ob jüngere oder ältere Generation.

Eines ist allerdings wichtig: Unterschiedliche Zeiten führen zu unterschiedlichen Wertekanons und unterschiedlichen Lebensvorstellungen bei den Menschen, die in ihnen aufwachsen. Wir sind nicht wie unsere Eltern. Und sie sind wiederum auch nicht wie ihre Eltern. Dafür hat sich die Welt, in der wir leben, einfach zu stark verändert.

Der im Jahr 2019 viral gegangene Ausdruck «OK, Boomer» steht beispielhaft für diesen Wertebruch zwischen verschiedenen Generationen. Er wird insbesondere von der Generation Z verwendet, um auf herablassende Aussagen der älteren Generationen (insbesondere der Babyboomer) zu reagieren. Unzählige Memes und Videos existieren in den sozialen Medien, und man kann sogar T-Shirts und Hoodies kaufen, die mit dem Spruch bedruckt sind. Fahrt hat das Ganze aufgenommen, als sich die neuseeländische Parlamentsabgeordnete Clöe Swarbrick während einer Rede zur Verabschiedung eines Umweltschutzgesetzes einen Zwischenruf zu ihrem Alter anhören musste (sie war zu dem Zeitpunkt 25 Jahre alt). Sie konterte mit «Okay, Boomer» und fuhr dann in ihrer Rede fort. Der Ausdruck steht zweifellos für einen Generationenkonflikt. Für das Gefühl der Jüngeren, von den Älteren nicht ernst genommen und mit globalen Problemen wie dem Klimawandel alleingelassen zu werden.

Doch trotz emanzipatorisch gedachter Ausdrücke wie «Okay, Boomer» schafft es die jüngere Generation oft nicht, sich von den Vorstellungen und Lebensentwürfen der älteren Generationen zu befreien. Warum trägt der überwiegende Teil dieser Generationen zum Beispiel noch immer das Gefühl in sich, dass eine dauerhafte Arbeit, ein fester Wohnort, ein Partner fürs Leben das Idealbild sein sollten? Klar – vielleicht wollen wir nicht mehr nur in einer Firma bleiben, vielleicht haben wir den Drang, die Welt zu sehen, vielleicht können wir den Partner fürs Leben auch erst später im Leben treffen. Aber den Masterplan, der uns in eine gewisse Richtung führt, nach dem streben wir noch immer.

## Was wir immer gehört haben und dringend überdenken sollten

Ich habe ein paar Dinge zusammengetragen, die wir vielleicht von unseren Eltern in Sachen Lebensentwürfe zu hören bekommen haben, die wir als neue Generation allerdings überdenken sollten. All diese Aussagen besitzen in unserer Welt eine gewisse Gültigkeit. Nur deshalb sind sie als gutgemeinte Tipps unserer Elterngenerationen zu verstehen: Diese Sätze haben in den letzten Jahrzehnten funktioniert. Aber weshalb sollten sie das weiterhin tun? Wir leben heute in einer anderen Zeit und haben es in der Hand, die Logik unserer Lebensmodelle zu verändern.

1. DU MUSST DIR EINEN BERUF SUCHEN.

2. DU BRAUCHST EINE EXPERTISE.

3. HÄUFIGE STUDIEN- ODER JOBWECHSEL WERFEN EIN SCHLECHTES LICHT AUF DICH.

4. LÜCKEN IM LEBENSLAUF SIND EIN PROBLEM.

5. DU BRAUCHST EINEN PLAN.

## 1. Du musst dir einen Beruf suchen

Ich weiß noch genau, wie ich mit etwa sechzehn Jahren bei meiner Mutter im Auto saß, wir die Hauptstraße unseres Ortes entlangfuhren und ich sie fragte: «Mama, was, glaubst du, werde ich mal machen?» Und ich weiß auch noch ganz genau, wie sie mit den Schultern zuckte und sagte: «Ich glaube, du machst mal irgendwas mit Projektarbeit. Irgendwas, wo du ein Team leitest und an einem Projekt arbeitest.»

Für mich klang ihre Antwort damals sowohl unkonkret (was sollte ich mir denn bitte schön unter Projektarbeit vorstellen?) als auch unattraktiv (Projektarbeit hörte sich nach Arbeit an und nicht gerade nach Spaß). Damals kam mir die Tragweite der Entscheidung, die vor mir lag, immens vor. Es fühlte sich an, als würde eine Uhr ablaufen. Eine Uhr, die die Zeit anzeigte, in der ich noch machen konnte, was ich wollte. Dann, am Ende meiner Jugendjahre, musste ich eine Entscheidung treffen und danach fünf Tage meiner Woche mit der Sache ausfüllen, auf die ich mich festgelegt hatte. Wenn ich mich richtig entschied, würde ich dabei bis zu meiner Rente (denn dann durfte ich ja wieder alles machen, was ich wollte) glücklich sein. Wenn ich mich falsch entschied – tja, Pech gehabt –, dann würde das

Glück erst wieder mit der Rente zurückkehren. Sprüche wie: «Da fängt der Ernst des Lebens an» oder «Erst die Arbeit, dann das Vergnügen» hingen mir im Hinterkopf, und ich konnte mich noch nicht einmal mehr genau erinnern, wer sie überhaupt zu mir gesagt hatte.

Aber was mir damals im Auto ganz klar war: Es stand eine Entscheidung an, die mein ganzes Leben beeinflussen würde. Die Aufforderung «Such dir einen Beruf» hatte ich wohlgemerkt noch nie ernsthaft hinterfragt. Warum auch? Jeder musste sich einen Beruf suchen. So funktionierte die Welt. Vielleicht hätte ich allerdings trotzdem etwas darüber nachdenken sollen. Im Singular dieses Satzes schlummert eine unausgesprochene Annahme: Du musst dir *einen* Beruf suchen. Dieses kleine Wörtchen «einen» kommt mit einer ziemlichen Selbstverständlichkeit daher, und in ihm spiegelt sich das Drei-Phasen-Modell der älteren Generationen: Schule und Ausbildung, der eine Beruf, dann die wohlverdiente Rente. Für mich klang das Ganze aber eher nach Freiheit – Enge – Freiheit. Denn damals, als ich meine Mutter nach meiner Zukunft fragte, standen mir ja eigentlich noch alle Türen offen. Doch mein Gefühl war, dass ich mit der Wahl eines Berufs fast alle davon zuschlagen und nur durch eine einzige von ihnen gehen würde. Was sonst konnte es heißen, dass ich mir *einen* Beruf suchen sollte?

Heute sehe ich die Sache anders. Die gegenwärtige Welt bietet so viele Möglichkeiten, dass ein Leben mit verschiedenen Berufen nicht nur möglich ist, sondern sogar vorteilhaft sein kann. In einer Welt, in der alles mit allem verbunden ist, kann ein beruflicher Bereich immens von einem anderen profitieren. Mein beruflicher Hintergrund als Beraterin hilft mir ungemein beim Schreiben dieses Buches – nicht nur, weil der Job meine Lebenskosten deckt, sondern auch, weil die Arbeit mich inhaltlich inspiriert. Und umgekehrt ist es genauso: In der Beratungsfirma hat sich mein Aufgabenbereich mit der Zeit immer stärker in eine kreative Richtung verschoben, bei der das Schreiben eine zentrale Rolle spielt. Hätte ich vorher gewusst, dass es möglich ist, verschiedene Berufe zu haben oder seinen Beruf ohne große Verluste zu wechseln – es hätte mir in den Jahren, in denen ich erst eine Ausbildung und dann einen Job wählen musste, einige Krisen und einiges Kopfzerbrechen erspart.

Zu der Annahme, ich müsse mich auf einen Beruf festlegen, kam allerdings noch ein zusätzlicher Gedanke hinzu, der meiner eigenen Generation entstammte: Such dir einen Beruf, *der dich erfüllt.* Das machte die Sache noch viel komplizierter. «Finde deine Leidenschaft!» oder «Mache deine Berufung zum Beruf!» sind Sprüche, die man heutzutage überall hört. Es scheinen Losungen meiner Generation zu sein. Wie oben beschrieben: Für Millennials ist Arbeit nicht nur Arbeit. Sie soll nicht nur die Miete bezahlen und ansonsten einigermaßen erträglich sein. Arbeit soll uns Sinn geben, unsere Leidenschaft ausdrücken und uns erfüllen. Etwas nur zu «mögen» ist nicht mehr genug. Mittlerweile glaube ich, dass die Suche nach der einen großen Leidenschaft die Antwort meiner Generation auf die Drei-Phasen-Biographien der Generationen vor uns ist. So nach dem Motto: Wenn ich mich schon auf eine Sache festlegen muss, dann soll es doch bitte mein absolutes Herzensthema sein und alle meine Bedürfnisse befriedigen. Aber ist das nicht eine vollkommen überzogene Erwartungshaltung? Wir müssen uns als neue Generation also fragen: Können auch Lebensmodelle mit mehreren Berufen und mehreren Leidenschaften funktionieren? Wie können wir uns von der veralteten Drei-Phasen-Biographie lösen?

## 2. Du brauchst eine Expertise

Dieser gutgemeinte Rat geht Hand in Hand mit Punkt eins. Ja, Expertise ist super. Der Informatik-Professor Cal Newport gibt in seinem Buch *So Good They Can't Ignore You* den Tipp, sich seltene und wertvolle Fähigkeiten anzueignen, um sich für den Arbeitsmarkt unabdingbar zu machen. Das leuchtet ein. Organisationen und Gesellschaften sind auf Menschen angewiesen, die ein tiefes Verständnis eines Sachverhalts haben. Vermutlich sollten wir diesen Menschen sogar viel mehr zuhören, als wir es oftmals tun. Ein einfaches Beispiel: Über meine Herzrhythmusstörung möchte ich mit jemandem sprechen, der eine Expertise auf dem Gebiet meines Syndroms hat. Das gibt mir Sicherheit. Gleichzeitig hätte mich genau diese Expertise fast umgebracht: Weil meine früheren Neurologinnen und Neurologen genau das waren – Menschen mit einer Expertise im Bereich der Neurologie –, erkannten sie meine Krankheit nicht als das, was sie eigentlich war: ein Fall für die Kardiologie. Damit bin ich kein Einzelfall: «Wenn du einen Hammer hast, sieht alles aus wie ein Nagel.» Das ist ein bekanntes Sprichwort. Es bedeutet, dass, wenn man in seinem metaphorischen Koffer nur ein einziges Werkzeug dabeihat, plötzlich alles nach einem passenden Problem für dieses Werkzeug aussieht. Expertinnen und Experten für Neurologie laufen Gefahr, alles als neurologisches Problem einzustufen. Selbstverständlich kommt man in vielen Fällen damit nicht weiter. Generell kann man also sagen: Ja, wir brauchen Menschen mit Expertise. Aber wir brauchen auch Menschen, die wissen, welche Expertise zu welchem Zeitpunkt gefragt ist. In unserer heutigen, vernetzten VUKA-Welt ist das wichtiger denn je: Immer mehr Teile des Systems werden miteinander verknüpft und hängen voneinander ab.

Eine solche Welt benötigt Menschen, die den Blick auf das «große Ganze» richten. Dazu kommt noch ein wichtiger Faktor: die fortschreitende Entwicklung der künstlichen Intelligenz. Roboter werden in den nächsten Jahren immer mehr Jobs übernehmen, die bislang von Menschen übernommen wurden. Wie oben bereits genannt, werden Millionen von Menschen umgeschult werden müssen, da ihre Expertise in einem Bereich liegt, der künftig vermutlich automatisiert ablaufen wird. Mittlerweile gibt es sogar eine Website mit dem (übersetzten) Titel: «Werden Roboter meinen Job übernehmen?» Die Jobs mit dem geringsten Risiko, von künstlicher Intelligenz übernommen zu werden, umfassen verschiedene soziale und technische Bereiche – in ihnen verbinden sich verschiedene Fähigkeiten. Darunter fallen zum Beispiel Berufe in der Audiologie, Psychotherapie, im Gesundheits- und Polizeiwesen.

Einige Studien legen außerdem nahe, dass selbst in spezialisierten Wirtschaftsbereichen breites Wissen ein wichtiger Faktor für den Erfolg ist. Ein Team um Andrew Ouderkirk von 3M – einer Firma, die unter anderem den Post-it-Klebezettel erfunden hat – zeigte im Jahr 2013, dass besonders zwei Arten von 3M-Mitarbeitenden bahnbrechende Produkte erfunden hatten: Personen, die an sehr eng definierten Problemen arbeiteten und einen hohen Grad der Spezialisierung erreichten, und Generalisten, die schnell gelangweilt waren und Inhalte oft von einem Bereich in den anderen übertrugen. Laut Ouderkirk steigt der Bedarf an Letzteren durch die Spezialisierung von Wirtschaftszweigen, denn Generalistinnen und Generalisten bringen verschiedene Teams und Technologien zusammen – und machen damit ganz neue Entdeckungen.

Die Spezialisierung auf ein Fachgebiet ist also nicht für alles und jeden sinnvoll. Vermutlich ist es am Ende eine Mischung aus Generalismus und Expertise, die in Zukunft wichtig wird.

Dieses Fähigkeitsprofil nennt sich «T-förmiges Profil» – und wir werden in Kapitel 5 noch genauer darauf eingehen.

### 3. Häufige Studien- oder Jobwechsel werfen ein schlechtes Licht auf dich

Justin Trudeau ist der Barack Obama der kanadischen Politik. Er ist jung, eloquent, gutaussehend – und der zweitjüngste kanadische Premierminister der Geschichte. Wenn man nur das von ihm weiß, geht man sicher davon aus, dass sich sein Lebenslauf als einziger geradliniger, politischer Aufstieg liest. Die Realität sieht anders aus: Nach einem Bachelor-Studium der Literatur- und Erziehungswissenschaften fing er an, als Lehrer in Vancouver zu arbeiten. Über die nächsten zwei Jahre nahm er gleich zwei Studiengänge auf, die er beide ohne Abschluss abbrach: ein Ingenieurstudium und ein Studium der Umweltgeographie. Er verdingte sich auch in einer Reihe von Aushilfsjobs, unter anderem als Camp-Counselor, Türsteher in Nachtclubs und Snowboardlehrer. Erst nach all diesen Abzweigungen machte er die Politik zu seinem Beruf. Und wer weiß, was danach noch alles kommt – er ist schließlich noch jung.

Man kann also auch dann erfolgreich sein, wenn man einen sehr wechselhaften Werdegang hat. Trotzdem möchte niemand wie ein «Job-Hopper» aussehen, also wie jemand, der unstet von einem zum nächsten Job springt. Das wurde uns schließlich von unseren Eltern mitgegeben: «Zwei Jahre musst du mindestens in einem Job bleiben.» Solche arbiträren Zahlen führen dazu, dass viele Menschen in Jobs bleiben, die sie eigentlich hassen – oder zumindest nicht mögen –, um bei potenziellen zukünftigen Arbeitgebern nicht mit zu vielen Kurzzeitjobs im Lebenslauf aufzukreuzen. Denn das würde sie ja beruflich unattraktiv machen.

Von diesem Mythos sollten wir uns in der heutigen Zeit befreien. Nicht nur sind Kurzzeitjobs oft ein Ergebnis der durch die VUKA-Welt noch wechselhafter gewordenen Wirtschaft. Sie werden von den jüngeren Generationen oft bewusst gewählt – und das aus guten Gründen. Lange in einer Firma zu bleiben, führt oft zu einer Art Tunnelblick: Anstatt das große Ganze zu betrachten, verstricken wir uns mit der Zeit mehr und mehr im internen Klein-Klein. Wir sind so sehr an die Menschen und Prozesse einer bestimmten Stelle gewöhnt, dass wir Potenziale gar nicht mehr erkennen. Außerdem lernen wir dann am meisten, wenn wir uns in eine neue Umgebung einfügen. «Wenn du die schlauste Person im Raum bist, bist du im falschen Raum», lautet ein Sprichwort. Niemand fühlt sich gerne als Anfängerin oder Anfänger – und oft ist das ein Gefühl, das mit einem Jobwechsel einhergeht. Aber lieber erträgt man dieses Gefühl für eine Weile, lernt dazu und erweitert seine Komfortzone und Kompetenzen, als dass man sich aufgrund eines veralteten Mythos in seiner Arbeit langweilt. Und der aus meiner Sicht wichtigste Grund für Kurzzeitstellen: Woher sollen wir vor dem Antritt eines Jobs wissen, ob er uns gefällt? Von außen kann vieles glänzen – wirklich wissen, ob wir einen Job mögen, können wir nur, wenn wir ihm eine echte Chance gegeben haben. Wir müssen Jobs ausprobieren, um das zu finden, was wir wirklich tun wollen. Und das ist ja auch der Grund der Probezeit, die am Anfang vieler Arbeitsverhältnisse steht: Nicht nur die Arbeitgebenden dürfen überprüfen, ob ihre neuen Mitarbeitenden zu ihnen passen – auch andersherum. Von dieser Logik sollten wir Gebrauch machen, konsequent sein und bei Nichtgefallen den Job wechseln.

## 4. Lücken im Lebenslauf sind ein Problem

Bloß keine Lücken im Lebenslauf! Das ist ein Mantra, dem viele Menschen noch immer folgen, die eine erfolgreiche Karriere im Blick haben. Eine Lücke könnte ja bedeuten, dass mich niemand einstellen wollte, ich also nicht gut genug bin, ich wahrscheinlich auch nie wieder gut genug sein werde. Diese Interpretation von «Lücken» im Lebenslauf müssen wir dringend ablegen. Zunächst einmal gibt es so etwas wie Lücken eigentlich überhaupt nicht. Sofern du dein Leben weitergelebt hast, hast du etwas getan – egal, was es war. Worum es hier geht, sind offenbar Lücken im Arbeitsleben. Und auch hier hinkt der Vergleich mit einer «Lücke». Denn er geht davon aus, dass wir nichts Nützliches für unsere berufliche Entwicklung außerhalb einer bezahlten Tätigkeit lernen können. Das ist falsch. Das müssen wir deutlich so benennen. Im Gegenteil: Regelmäßige Sabbaticals (also einjährige Auszeiten) können nicht nur die Motivation für den Job steigern, sie können auch das kreative Potenzial und sogar das Einkommen einer Person steigern. Der österreichische Graphikdesigner Stefan Sagmeister zum Beispiel hat beschlossen, alle sieben Jahre ein Sabbatical zu machen. Er fährt dann in die Ferne, strukturiert seine Tage in kreativen Experimenten und verbringt viel Zeit in der Natur. Vieles, was er in den darauffolgenden sieben Jahren designt, hat seinen Ursprung in der einjährigen Auszeit. Damit ist er nicht allein. Mehrere Studien zeigen, dass Sabbaticals – von wenigen Wochen bis zu mehreren Jahren – förderlich sind für die Kreativität, Resilienz und Motivation. Das hat mit einem Effekt zu tun, den man «*Combinatory Play*» nennt: Durch den Fokus auf einen neuen Bereich, der nicht mit der Arbeit zusammenhängt, entstehen neue Ideen. Es ist demnach nicht überraschend, dass Menschen, die einen Nobelpreis verliehen bekommen haben, laut einer amerikanischen Studie viel häufiger als ihre weniger erfolgreichen Kolleginnen und Kollegen Hobbys pflegen, die nicht mit der eigenen Arbeit zusammenhängen. Viele Menschen und auch viele Organisationen haben mittlerweile den Sinn von Lücken im Lebenslauf erkannt. Eine Umfrage in den USA unter 2600 Arbeitenden zeigte, dass die Möglichkeit, Sabbaticals zu machen, zu den meistgewünschten Eigenschaften eines neuen Jobs gehört.

Warum hält sich der Mythos «Lücken im Lebenslauf sind ein Problem» dann so hartnäckig in unserem Bewusstsein, wo er doch weder zu wissenschaftlichen Erkenntnissen noch zur VUKA-Welt passt? Mal wieder hat die Sache etwas mit der Drei-Phasen-Biographie zu tun. Ganz nach dem Motto «Hobbys und Träume kannst du auch noch in der Rente verwirklichen. Jetzt musst du sie dir erst mal erarbeiten» werden die Auszeiten auf das Ende des Lebens verlegt. Doch dabei werden verschiedene Dinge vergessen: Erstens werden die jungen Generationen länger leben – und arbeiten! – als viele Generationen vor ihnen. Die Rente rückt also immer weiter in die Ferne oder wird gegebenenfalls gar nicht mehr möglich sein. Warum sollte man seine Träume also auf diese vielleicht niemals eintretende Zeit verschieben?

Zweitens war die Rente ursprünglich für Menschen gedacht, die aufgrund von Alterserkrankungen nicht mehr arbeiten konnten. Zwar gibt es heute immer mehr fitte Rentnerinnen und Rentner, die ihren dritten Lebensabschnitt in vollen Zügen genießen. Aber der Trend geht ganz klar zu einer Rückbesinnung auf die ursprüngliche Funktion der Rente: Wir Jüngeren werden später vermutlich so lange arbeiten, wie es uns körperlich und mental möglich ist. Da bleibt am Ende dann keine Kraft mehr, die langersehnte Weltreise zu machen. Und selbst wenn wir so früh wie möglich in Rente gehen: So fit wie als 30-Jährige werden wir mit Sicherheit nicht sein. Und noch dazu: Wer sagt uns, dass wir überhaupt so lange leben werden, um an unseren Eintritt in die Rente zu denken?

Drittens verbauen wir uns durch ein Verschieben unserer Auszeiten die positiven Effekte auf unser Arbeitsleben, die ich oben beschrieben habe. Wer nicht mehr in den Job zurückkehrt, kann dort auch nicht mehr seine neugewonnene Kreativität und Motivation einsetzen. Langfristig wird das Lebensmodell der jüngeren Generationen also wohl eher so aussehen wie in dieser Illustration:

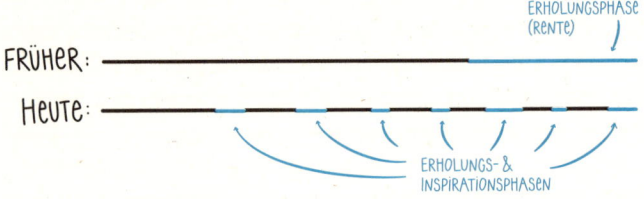

### 5. Du brauchst einen Plan

Hier ist sie. Die Forderung nach dem Masterplan für das Leben. Zunächst einmal muss ich klarstellen: Ich habe nichts gegen Pläne. Pläne sind super. Sie geben uns Sicherheit, bringen uns einer Vision näher und geben uns etwas, auf das wir uns freuen können. Ich liebe es, Pläne zu schmieden: bei einem Spaziergang, auf der Couch und sogar bei der Projektplanung im Büro.

Problematisch wird die Sache mit den Plänen allerdings dann, wenn ich erwarte, meine Pläne auch genau so umsetzen zu können, wie ich sie mir überlegt habe. Und auch wenn es sich um langfristige, detaillierte Masterpläne handelt. Dann wird die Sache mit der Umsetzung nämlich noch schwieriger. Kann man Masterpläne à la: «Erst studiere ich das, dann arbeite ich zwei Jahre hier, dann da, und dann mache ich mich selbständig, gründe eine Familie und bin glücklich», überhaupt mit der VUKA-Welt vereinbaren? Ist es in so einer Welt überhaupt klug, langfristige Pläne zu schmieden? Oder anders gesagt: Ist es überhaupt möglich, langfristige Pläne zu schmieden, ohne jedes Mal wieder enttäuscht zu werden?

Eins ist klar: Nie hatten wir mehr Möglichkeiten, nie war es einfacher, unglücklich zu sein. Eine derart dynamische, vernetzte Welt voller Möglichkeiten macht die Formulierung eines klaren Masterplans nicht einfacher. Stattdessen gibt sie Anlass zu ständiger Überforderung: Beispielsweise ist die Zahl der Arbeitsausfälle aufgrund von psychischen Erkrankungen zwischen 2000 und 2019 um 137 Prozent gestiegen. Das muss natürlich nicht nur an der VUKA-Welt liegen, aber sie trägt mit Sicherheit ihren Teil dazu bei.

Allein die Entscheidung für einen bestimmten Masterplan bereitet uns Probleme. Denn obwohl man intuitiv das Gegenteil vermuten würde: Viele Optionen zu haben, macht nicht per se glücklicher. Man nennt diese Tatsache das «Auswahlparadox». Barry Schwartz, ein amerikanischer Psychologe, macht in seinem TED-Talk deutlich, worum es dabei geht. Er erzählt von seiner Erfahrung, eine Jeans zu kaufen. Seiner Ansicht nach war die Sache früher relativ einfach: Man ging in den Laden, probierte das eine Modell, das es dort gab, und kaufte die richtige Größe. Heute hat man Tausende Optionen – von Bootcut zu Slim Fit, von stonewashed zu acidwashed, von Reißverschluss zu Knöpfen. Die ganze Auswahl sorgt dafür, dass Schwartz' Erwartungen in die Höhe schnellten und er am Ende seines Einkaufs mit einer Jeans nach Hause ging, die objektiv besser war als jede, die er je besessen hatte – und trotzdem war er unzufrieden. Was, wenn er noch mehr Jeans-Modelle anprobiert hätte? Hätte er dann eine noch bessere Jeans gefunden? Die Hose, die er gekauft hatte, war zwar gut – aber war sie perfekt? Die Frage, die sich auch für unser Leben aufdrängt: Wann weiß man, dass man den idealen Plan für sein Leben gefunden hat?

Gleichzeitig steckt in der heutigen Schwierigkeit, einen klaren Masterplan zu fassen und ihn dann nahtlos zu befolgen, auch eine Möglichkeit. Man kann Veränderungen, die einen scheinbar vom Masterplan abbringen, für sich nutzen. Das zeigte auch ein U-Bahn-Streik in London vom Februar 2014: Eine große Anzahl von Pendlerinnen und Pendlern war durch die Sperrung von einigen Stationen gezwungen, andere Routen zur Arbeit zu finden. Für viele ein großes Ärgernis, für einige allerdings auch ein großes Glück, denn ein signifikanter Teil dieser Menschen blieb auch nach dem Streik bei diesen neuen Routen. Die erzwungene Änderung ihres morgendlichen Wegs zur Arbeit hatte sie eine bessere Route entdecken lassen als die, der sie zuvor teils jahrelang gefolgt waren. Genauso haben sich mit der Ausbreitung der COVID-19-Pandemie neue Lebensentwürfe und Routinen entwickelt, die eine deutliche Verbesserung zu vorherigen Zuständen darstellen: Das Stresslevel ist bei vielen Arbeitnehmenden gesunken, und viele Menschen haben die äußeren Veränderungen zum Anlass genommen, über ihr Leben nachzudenken. Sie haben den Job gewechselt oder sind aufs Land gezogen. Berlin erlebte während der Pandemie einen Rückgang der Einwohnerzahlen – vermutlich hatte die Ausnahmesituation vielen Menschen klargemacht, dass sie ein Leben im gemütlichen Brandenburg dem in der hektischen Großstadt vorzogen. Manchmal können also vordergründig verheerende Auswüchse der VUKA-Welt (denn das ist die COVID-19-Pandemie ohne Zweifel) auch positive Wirkungen entfalten.

Unterm Strich lässt sich festhalten: Starre Masterpläne mit

einer Schritt-für-Schritt-Anleitung für die nächsten Lebens-entscheidungen funktionieren heute nicht mehr. Von dieser Erwartung müssen wir uns verabschieden. Stattdessen sollten wir uns fragen: Wie schaffen wir es, die Möglichkeiten der heutigen Zeit zu nutzen? Wie bekommen wir auch in einer unberechenbaren Welt die Sicherheit, die wir brauchen, ohne uns auf langfristige, einschränkende Pläne festzulegen und dann immer wieder enttäuscht zu werden? Wie schaffen wir es, mit den Mythen und Lebensprinzipien älterer Generationen zu brechen?

Unsere Generationen, aber auch alle anderen, die mit dieser neuen unberechenbaren Lebensrealität konfrontiert sind, brauchen neue Lebensmodelle. Genauer gesagt: Wir brauchen ein nichtlineares Lebensmodell. Im nächsten Kapitel stelle ich dir eine Methode vor, mit deren Hilfe du ein solches Leben für dich gestalten kannst: die Mosaik-Methode.

# KAPITEL 3

# Die Mosaik-Methode

Die heutige Welt ist anders als die Welt, in der die Babyboomer und die Generation X aufwuchsen. Die VUKA-Welt verändert unser aller Leben und greift vehement in unseren Alltag ein – so viel ist im letzten Kapitel deutlich geworden. Doch eins sollten wir klarstellen: Wir sind dieser Welt, ihren Veränderungen und Anforderungen, nicht machtlos ausgeliefert. Wir müssen uns den neuen Gegebenheiten anpassen, ja. Aber das müssen wir nicht passiv tun, nicht reflexhaft. Wir müssen keine Schutzhaltung gegenüber einer unvorhersehbaren Welt einnehmen. Stattdessen können wir aktiv die Potenziale nutzen, die uns die heutige Welt bietet. Denken wir an das Sterblichkeitsmanifest aus Kapitel 1 zurück. Der letzte Punkt in diesem Manifest lautete: «Ich habe mehr Freiheit im Leben, als ich denke.» Diese Einsicht gilt selbstverständlich nicht nur für mich selbst. Sie gilt für nahezu jeden Menschen. Wir alle haben die Möglichkeit, unser Leben oder zumindest unsere Haltung zum Leben viel aktiver zu beeinflussen, als es uns oft erscheinen mag. Aber dafür brauchen wir eine echte Alternative zum rigiden Masterplan, die auch in der VUKA-Welt anwendbar ist. Solch ein Lebensmodell soll uns einerseits genug Sicherheit geben, um kurzfristige Pläne und langfristige Visionen zu verfolgen, uns aber gleichzeitig auch genug Spielraum lassen, auf die ständig wechselnden Bedingungen reagieren zu können.

Der erste Schritt auf dem Weg hin zu solch einem Lebensmodell ist eine Befreiung vom Erwartungsdruck hinsichtlich der Notwendigkeit eines Masterplans. Das ist gar nicht so leicht, wie es klingt – zu fest sind Ausdrücke wie «Ich bin gerade einfach ein bisschen lost» im gegenwärtigen Sprachgebrauch verankert. Das Wort «lost» wurde im Jahr 2020 sogar zum Jugendwort des Jahres gekürt. Was wollen wir damit sagen – verloren? Ahnungslos? Planlos? So in etwa wurde es jedenfalls bei der Bekanntgabe definiert. Meist werden mit Begriffen wie «lost» Menschen beschrieben, die momentan nicht genau sagen können, was der nächste Schritt ist, die verwirrt sind oder sich planlos vom Leben treiben lassen. «Der ist gerade echt ein bisschen lost.» Dabei schwingt oft ein mitleidiger, fast herablassender Unterton mit. Als würde man über ein Schaf reden, das sich verlaufen hat und dem einfach mal jemand den Weg zurück zur Herde zeigen sollte. Damit wird nicht nur suggeriert, dass nicht zu wissen, wo es hingehen soll, anormal ist, sondern auch, dass es einen richtigen Weg gibt, den jeder von uns finden kann und sollte. Wie sonst könnte man verloren sein? Wonach könnte man sonst auf der Suche sein? Es muss den einen Weg geben, dem man unaufhörlich folgen kann – den wasserdichten Masterplan eben. Falls man das nicht hinbekommt, gilt man als «ein bisschen lost».

Formulierungen wie diese sollten wir uns abgewöhnen. Und zwar, weil es schlicht nicht den einen richtigen Weg gibt, den wir finden können. Vielleicht gibt es mehrere Wege, die zu uns passen würden, aber mit Sicherheit nicht den einen. Wir sollten den Zustand des Sich-Ausprobierens als Chance und als notwendigen und wünschenswerten Dauerzustand ansehen. Denn nur durch das Ausprobieren und Erleben unterschiedlicher Dinge können wir herausfinden, was wirklich zu uns passt.

Wenn wir uns von der Erwartung getrennt haben, einen großen Masterplan vorweisen zu müssen, der uns in die Glückseligkeit führt, folgt ein zweiter herausfordernder Schritt.

Wir müssen unser Leben gestalten. Hier geht es um ein aktives Suchen – nicht nach einem Masterplan, aber sehr wohl nach einem eigenen, eventuell kurvigen Weg. Dabei entscheiden wir über unsere nächsten Schritte immer im Verlauf des Weges. Es geht also anfangs eher darum, eine grobe Richtung festzulegen. Dann sind wir alles andere als «lost».

Ich will hier nicht dazu aufrufen, alle Sicherheiten und alle Planung für immer aufzugeben – im Gegenteil. Wir brauchen einen Ersatz für das lineare Lebensmodell, ohne dass uns dabei langfristige Visionen oder Sicherheiten abhandenkommen. Eine Lebensgestaltung nach der Mosaik-Methode kann die Antwort sein.

## Die Prinzipien eines Mosaiklebens

Prinzipien können hilfreich sein, wenn man eine Lebensweise dauerhaft in seinem Alltag verankern will. Sie sind keine Vorschriften, aber sie drücken die Essenz der Mosaik-Methode aus. Sie können als Blaupause dienen für alle, die ihr Lebensmodell überdenken möchten.

Hier sind sie also, die Prinzipien der Mosaik-Methode:

### PRINZIPIEN DER MOSAIK-METHODE

1. ICH SEHE MEIN LEBEN ALS FLEXIBLES MOSAIK, DAS ICH SELBST GESTALTEN UND BEURTEILEN KANN.

2. ICH PROBIERE NEUE LEBENSINHALTE IN KLEINEN, AUFWANDSARMEN ERFAHRUNGEN AUS, BEVOR ICH MEIN MOSAIK DAUERHAFT UMGESTALTE.

3. ICH REFLEKTIERE NEUE ERFAHRUNGEN BEWUSST UND EHRLICH, UM MICH AN MEINEN ECHTEN WERTEN UND BEDÜRFNISSEN ZU ORIENTIEREN.

In den drei Prinzipien kam ziemlich oft das Wort «Mosaik» vor. Was hat es damit auf sich? Denken wir an die Konfrontation mit meiner eigenen Sterblichkeit zurück, die ich in Kapitel 1 beschrieben habe. Kurz nachdem ich begonnen hatte, meine Lebensweise zu überdenken und mein Leben nach und nach umzugestalten, kam mir ein Bild in den Kopf: Mein Leben ist wie ein Mosaik, das aus verschiedenen Steinen – verschiedenen Lebensbereichen – besteht und am besten in seiner Gesamtheit zu betrachten ist. Vor dem Umbau meines Lebens gab es in meinem Mosaik einen besonders großen Stein – meinen Jobstein. Am Rand des Mosaiks lagen kleinere Steine. Diese Steine waren meine Hobbys, unter diesen das Schreiben, meine Familie, meine Freunde und meine Beziehung.

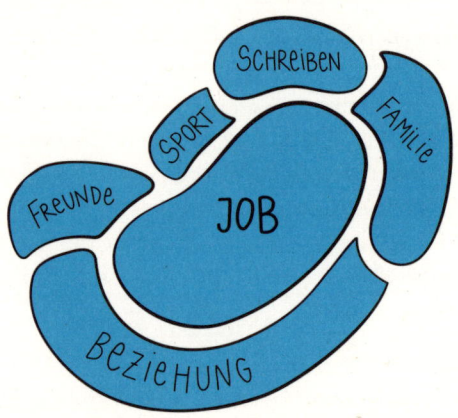

Um zu beurteilen, ob ich mein Leben insgesamt schön fand, musste ich also zurücktreten und mein Leben als eine Art Gesamtkunstwerk betrachten. Wenn wir die Gestaltung unseres eigenen Lebens mit dem künstlerischen Prozess der Mosaikerstellung vergleichen, können wir uns folgende Szene vorstellen: Eine Künstlerin betrachtet eine Wand, auf der gerade ein Mosaik entsteht. Um an dem Werk arbeiten zu können, steht sie direkt vor der Wand, ihr Werkzeug und ihre Konzentration auf einen Teilbereich des entstehenden Mosaiks gerichtet. Was der Betrachter jedoch am Ende sehen wird, ist das Werk im Ganzen. Die Künstlerin muss also immer wieder zurücktreten, um die Gesamtwirkung ihres Mosaiks zu betrachten und zu entscheiden, ob die Einzelheiten, an denen sie gerade arbeitet, wirklich passen. Nur wenn sich die einzelnen Teile gut ergänzen, wird sie das gesamte Werk am Ende mögen. Wahrscheinlich hat die Künstlerin sich auch vor Beginn der Mosaikerstellung schon damit auseinandergesetzt, wie das Mosaik ungefähr aussehen sollte. Vielleicht hat sie bestimmte Muster oder Farben ausgewählt, die sie schön findet. Doch um wirklich beurteilen zu können, ob sich alles fügt, muss sie ihr Werk in der Umsetzung immer wieder neu begutachten.

Auf das Leben übertragen, bedeutet das nichts anderes, als sich nicht nur um Teilbereiche des eigenen Lebens zu kümmern (Job, Familie etc.), sondern das Leben als Ganzes zu betrachten. Wir müssen uns als Gestaltende unseres Lebenswerks sehen. Wir tragen die Verantwortung, immer wieder einen Schritt zurückzutreten und uns die Frage zu stellen: «Finde ich das hier wirklich schön?»

## Die Geschichte des Mosaiks

Mosaike gehören zu den ältesten Kunstformen der Menschheitsgeschichte. Das älteste bekannte Mosaik ist etwa 400 000 Jahre alt und wurde von einem Homo erectus in Thüringen aus Knochen und Steinen gefertigt. So richtig Fahrt nahm die Mosaikkunst dann im Altertum auf: Bei den Griechen und Römern waren die Bilder und Muster aus den vielen kleinen und verschiedenförmigen Steinchen äußerst beliebt. Sie schmückten Wände und Böden und zeigten – je nach Trend – raffinierte geometrische Formen oder figürliche Darstellungen. Das Mosaik wurde als Kunstform und Dekoration von vielen Religionen und Kulturen aufgegriffen und verbreitete sich so über die ganze Welt. Heute werden Mosaike oft industriell gefertigt, haben ihren Reiz als handgefertigte Kunstwerke jedoch nicht verloren.

Durch kleine Veränderungen und das Ausprobieren verschiedener Muster und Steine kann man über die Zeit ein neues Lebens-Mosaik entwickeln. Ganz wie im künstlerischen Prozess, bei dem die Künstlerin immer wieder von ihrem Werk zurücktritt, es im Gesamten auf sich wirken lässt, einzelne Veränderungen beschließt und nach deren Verwirklichung wieder das Gesamtwerk betrachtet.

Um aus einer Version des Lebens-Mosaiks eine neue Variante zu machen, setzen wir natürlich nicht alle Veränderungen gleichzeitig um. Vielmehr entwickeln wir Schritt für Schritt ein Mosaik, das uns besser gefällt als das vorherige. Perfekt wird das Mosaik dabei vermutlich nie werden – aber das ist auch gar nicht das Ziel. Es wird ein Prozess sein, der ein ganzes Leben andauert – die Erstellung eines Lebenswerks. Genau das drückt das Prinzip 1 aus.

## Prinzip 1
## Ich sehe mein Leben als flexibles Mosaik, das ich selbst gestalten und beurteilen kann

So simpel dieses Prinzip klingt, so schwierig kann die Umsetzung sein. Wir haben also diese Grundidee: Das Leben besteht aus vielen einzelnen Lebensbereichen, die sich zu einem Gesamten zusammenfügen – einem Mosaik, das man vielleicht schön findet, vielleicht aber auch nicht. Das Interessante an diesem Mosaik ist, dass wir es selbst gestaltet haben und es immer wieder neu entwerfen können.

Um das zu tun, müssen wir jedoch, wie oben angesprochen, immer wieder einen Schritt zurücktreten und über unser Leben als Ganzes reflektieren – und das bestenfalls nicht nur, wenn wir zu Silvester nach unseren Neujahrsvorsätzen gefragt werden. Zugegeben, dieser Schritt zurück wird uns heutzutage nicht gerade leichtgemacht. Die vielen Möglichkeiten, die wir haben, bedeuten auch viel Ablenkung. Laut einer Jugend-Digitalstudie aus dem Jahr 2019 verbringen Jugendliche 58 Stunden pro Woche online, das sind mehr als 8 Stunden pro Tag. Wo wir früher auf langen Zugfahrten vielleicht noch kontemplativ aus dem Fenster geblickt haben, schauen wir heute Serien oder arbeiten am Laptop.

Unsere Psyche tut dabei ihr Übriges: Wir sind als Menschen gut darin, uns um Dinge zu kümmern, die wir direkt vor unserer Nase haben, und andere Dinge, die etwas abstrakter oder weiter weg erscheinen, zu vernachlässigen. Das liegt unter anderem an der sogenannten *Present Bias* – dem Hang, sich eher Vorteile im Jetzt zu verschaffen, als langfristige Auswirkungen zu bedenken – oder auch an dem «Gesetz der Trivialität» – unserem Hang, uns lieber mit simplen Problemen auseinanderzusetzen, als uns um die wichtigen, aber komplexen Fragen zu kümmern. Beides kommt uns bei der Erstellung eines Lebens-Mosaiks, das wir jederzeit zufrieden betrachten können, nicht gerade zugute. Der Schritt zurück und der Blick auf das Gesamtkunstwerk sind eine bewusste Entscheidung – die getroffen wird oder eben nicht. Wir müssen uns die Zeit dafür nehmen.

Doch es sind nicht nur die digitalen Ablenkungen und eine auf die Gegenwart gerichtete Aufmerksamkeit, die uns von der Kontemplation unseres eigenen Lebens abhalten: Viele Menschen machen nie den Schritt zurück, weil sie gar nicht wissen, wie viel Gestaltungsfreiheit sie im Leben haben – genauso, wie ich selbst es bis vor kurzem nicht wusste.

Ein gängiges Lebensresümee ist, nicht das Leben gelebt zu haben, das man wirklich leben wollte. Warum merken viele Menschen erst am Ende ihres Lebens, wie viel Gestaltungsfreiheit sie eigentlich gehabt hätten?

Die jüngeren Generationen haben sogar besonders viel davon im Vergleich zu den vorausgegangenen. Insbesondere jungen Frauen stehen heutzutage viel mehr Möglichkeiten offen als noch ihren Müttern oder Großmüttern. Arbeiten gehen? Chefin werden? Kinder bekommen? Sich selbständig machen? Heiraten? Glücklicher Single sein? Alles Optionen, die noch dazu nicht exklusiv gewählt werden müssen. Doch auch in den kleinen Dingen des Lebens liegt oft viel mehr Freiheit, als wir glauben: Wie verbringen wir die Nachmittage? Wie halten wir uns fit? Wie können wir besser schlafen?

Allerdings gibt es bei der Gestaltungsfreiheit einen wichtigen Unterschied zwischen uns und der Mosaikkünstlerin aus dem Beispiel: Wir haben keine weiße Wand vor uns, wenn wir mit der Arbeit an unserem Lebenskunstwerk beginnen. Für uns wurde bereits ein Mosaik (eine Art Masterplan) auf die Wand gemalt – sei es von unseren Eltern, von unseren Freunden, unserer Partnerschaft, der anonymen Gesellschaft oder vielleicht auch einfach von uns selbst, ohne dass wir uns dessen bewusst waren. Wir müssen studieren, arbeiten, einen Partner finden, eine Familie gründen, in die Rentenkasse einzahlen und so weiter und so fort. In der Popkultur hört man immer wieder Songtexte wie etwa von Natasha Bedingfield: «*Today is where your book begins. The rest ist still unwritten.*» Das klingt zwar gut, ist meiner Meinung nach jedoch nicht ganz richtig. Denn ob wir es mögen oder nicht: Was in jenen Songs unterschlagen wird, ist die Tatsache, dass jemand für uns schon die nächsten Buchseiten – oder eben die Mosaikkonturen – vorgezeichnet hat. Wir dürfen uns zwar frei entscheiden, was wir in Zukunft mit unserem Leben machen wollen und wie unser Mosaik aussehen soll – aber wir dürfen nicht vergessen, dass jede Entscheidung für etwas Neues auch eine Entscheidung gegen die Weiterführung des Alten ist. Unser Leben ist keine weiße Wand, die wir nach Lust und Laune befüllen. Es ist ein bereits bestehendes Mosaik, das es zu überarbeiten gilt.

Bei diesem Überarbeitungsprozess, der unser Lebens-Mosaik zu einem ständigen Work-in-Progress macht, geht es allerdings nicht darum, immer wieder hektisch unser Leben umzuwerfen. Eine gewisse Stabilität im eigenen Leben ist ein menschliches Grundbedürfnis. Vielleicht bist du sogar jemand, der besonders viel Stabilität braucht und sich gar nicht so viel Neues in seinem Leben wünscht. Wenn das bei dir so ist, dann solltest du diesen Umstand beim Betrachten und Umbauen deines Lebens-Mosaiks berücksichtigen. Wie das konkret ablaufen kann, werden wir gemeinsam in Prinzip 2 unter die Lupe nehmen.

## Prinzip 2
**Ich probiere neue Lebensinhalte in kleinen, aufwandsarmen Erfahrungen aus, bevor ich mein Mosaik dauerhaft umgestalte.**

Setzen wir die Geschichte von meiner Berufsentscheidung fort: Nach dem Gespräch mit meiner Mutter im Auto machte ich mir viele Gedanken, was ich nach dem Abitur einmal tun sollte. Schnell stand fest: Ich wollte studieren. Nur was? Ich traf eine Entscheidung, die mich so wenig wie möglich auf etwas festlegte – ich nahm mein Studium an einer Universität auf, die mir erlaubte, ohne Zeitverlust meinen Studiengang zu wechseln. In etwa so, wie es das US-amerikanische Modell vorsieht: Man belegt verschiedene Fächer und muss erst nach einer gewissen Zeit das Hauptstudienfach festlegen. Das führte dazu, dass ich mich erst für Neurowissenschaften einschrieb, dann zu kognitiver Psychologie wechselte und schließlich nach drei Jahren in interkulturellen Beziehungen meinen Bachelorabschluss machte. Die Flexibilität dieses Modells zahlte sich für mich aus. Trotzdem würde ich rückblickend sagen (und ich hoffe, all die wunderbaren Menschen, die ich durch mein Studium kennengelernt habe, verzeihen mir), dass meine Bacheloruniversität nicht die richtige für mich war. Ich fühlte mich eingeengt. Ich war mit der Annahme an die Uni gekommen, dass sie mir maximale Freiheit bieten würde. Und doch waren das Leben auf einem Campus nach amerikanischem Vorbild und der ständige Leistungsdruck für mich belastend. Ich konnte mir die Privatuni nämlich nur durch Stipendien finanzieren. Ich war unglücklich. Mehrere Jahre lang. Trotzdem scheute ich mich davor, mir den Fehler einzugestehen und ein Studium an einer anderen Uni aufzunehmen. Hatte ich nicht schon viel zu viel Arbeit und Geld investiert, um jetzt zu dem Schluss zu kommen, dass ich die falsche Entscheidung getroffen hatte?

Vielleicht kommt dir das bekannt vor: das Gefühl, eine Entscheidung getroffen zu haben, die man im Nachhinein lieber nicht so getroffen hätte. Und das Gefühl, sich jetzt nicht mehr umentscheiden zu können. Was wäre also, wenn wir schon etwas früher herausfinden würden, ob eine Option wirklich zu uns passt?

Der Schlüssel liegt im Ausprobieren. Und zwar nicht im «Ich melde mich da jetzt verpflichtend an, und zur Not kündige ich halt wieder»-Ausprobieren, sondern im Sammeln von kleinstmöglichen Erfahrungen, mit deren Hilfe wir letztendlich entscheiden können, ob diese Wahl die richtige für uns wäre oder eben nicht. Nennen wir diese Erfahrungen mal Mikro-Erfahrungen. Sie sollen wirklich so klein und aufwandsarm sein wie nur irgendwie möglich. Bevor ich mich also an einer Uni einschreibe, schaue ich mir die Website an, spreche mit anderen Studierenden, besuche (wenn möglich) auch ein paar Vorlesungen und verbringe ein paar Stunden auf dem Campus. Oder nehmen wir ein Beispiel aus dem Sport: Bevor ich mich als Mitglied beim Badmintonverein anmelde, gehe ich erst auf die Website, besuche ein paar Probestunden und spreche mit anderen Mitgliedern. Nach jeder Mikro-Erfahrung kann ich reflektieren: Fühlt es sich so an, als sollte ich eine weitere, etwas größere Mikro-Erfahrung sammeln? Irgendwann bin ich dann an einem Punkt, an dem ich sagen kann: Ja, diese Entscheidung passt zu mir – und in ein paar Wochen oder Monaten denke ich erneut darüber nach, ob sie auch dann noch zu mir passt.

Um bei unserer Mosaikkünstlerin zu bleiben: Bevor sie einen Stein auf der Wand anbringt, fertigt sie mehrere Skizzen an und hält den Stein erst mal lose vor das Mosaik, bevor sie ihn befestigt.

Die Sache mit den Mikro-Erfahrungen ist dabei kein Hinauszögern der Entscheidung. Eine solche Ansicht offenbart einen Denkfehler: Man glaubt, möglichst schnell Nägel mit Köpfen machen zu müssen, um keine Zeit zu verlieren. Sei es nun bei der Entscheidung für den nächsten Job, beim Kauf eines neuen Möbelstücks oder bei sonst irgendetwas: Das schnelle Nägel-mit-Köpfen-Machen kann unter Umständen dazu führen, dass wir uns für etwas entscheiden, das nicht richtig zu uns passt. Oft müssen wir dann später viel mehr Zeit aufwenden, die Dinge geradezurücken. Ein gezieltes Ausprobieren der Optionen kann also Zeit sparen.

### Das Testen neuer Produktideen

Auch in der Wirtschaft werden neue Ideen oft erst getestet, bevor sie umgesetzt werden. Woher sonst sollen Firmen wissen, ob die neuen Produkte zu ihren Kunden und zum Markt passen? Werden Ideen nicht getestet, läuft man Gefahr, viel Zeit und Geld in der Entwicklung der Produkte zu verlieren, da man am Ende mit etwas dasteht, das niemand haben will. Viele Firmen befolgen deshalb eine Strategie aus den sogenannten agilen Arbeitsmethoden: Sie testen die Ideen so früh und so schnell wie irgendwie möglich, um herauszufinden, ob die Richtung stimmt. In der Sprache der Innovationsbranche nennt man das zum Beispiel *«Rapid Prototyping»*, also das schnelle Bauen und Testen von groben Prototypen einer Idee. Dieses Prinzip können wir uns auch in unserer eigenen Lebensgestaltung zunutze machen.

Natürlich gibt es manchmal Momente im Leben, in denen eine radikale Entscheidung gefordert ist. Denken wir nur an die Geschichten, die wir in der Literatur finden: In *Eat, Pray, Love* lässt die Protagonistin ihr Leben in New York auf einen Schlag zurück und bricht auf in die Fremde. Über *Walden* wird berichtet, dass Henry David Thoreau alle Bande zur Außenwelt kappte, als er in die Hütte im Wald zog. Doch wenn wir ehrlich sind, erzählen wir diese Geschichten nur so, weil sie dann besser klingen. In Wahrheit hat sich Elizabeth Gilbert aus *Eat, Pray, Love* bereits Jahre vor ihrer Reise von ihrem Mann scheiden lassen, probierte eine andere Beziehung aus, lernte Italienisch, und erst dann fasste sie den Entschluss, eine einjährige Reise zu unternehmen. Auch Walden war kein einsamer Ort – Thoreau hatte dort einige Kontakte und lebte nicht weit von der nächsten Stadt. Wir mögen Geschichten mit radikalen Veränderungen. Es macht Spaß, sie erzählt zu bekommen, weil sie so anders sind als unser wirkliches Leben. Denn ich würde mich nie trauen, von heute auf morgen alles hinzuschmeißen. Und ich bin mir sicher: Die meisten Menschen (und eventuell auch die Hauptfiguren aus unseren Geschichten) würden sich das auch zweimal überlegen. Wenn wir also glauben, dass nur radikale Entscheidungen eine Lebensveränderung herbeiführen können, liegen wir falsch. Natürlich ist das eine Option. Aber es kann auch ein kontinuierlicher Veränderungsprozess sein. Lieber verändere ich mich schrittweise, als mich gar nicht zu verändern, weil ich Angst vor der großen Entscheidung habe.

Das Denken in kleinen, schnellen Erfahrungen kann uns die Angst vor Veränderungen nehmen. Und es hat noch weitere Vorteile: Es kann uns etwa ganz neue Optionen, die wir vorher gar nicht im Kopf hatten, vor Augen führen. Jennifer Lawrence sprach zum Beispiel mit vierzehn Jahren mal eine Werbung für Erdnussbutter ein – warum auch nicht? Heute ist sie Oscarpreisträgerin. Auch dieses Buch war ursprünglich nicht geplant: Ich schrieb zuerst einige Artikel, hielt ein paar Vorträge, und irgendwann tat sich die Möglichkeit auf, einem Lektor einen Einseiter für ein mögliches Buchprojekt zu schicken. Das schrittweise Ausprobieren von Erfahrungen kann Türen öffnen, von deren Existenz man zuvor noch gar nichts wusste.

Der nächste Vorteil des kleinteiligen Testens von Lebensveränderungen liegt in etwas, das man in der Wirtschaft «Handlungsfähigkeit» nennt. Wenn die Welt unberechenbar ist oder mir zumindest so vorkommt, wie soll ich dann bitte meine Zukunft planen? Ganz genau! Hier sind wir wieder bei der Schwierigkeit der Masterpläne in einer VUKA-Welt. Sicherheit und Selbstwirksamkeit sind trotz der Hinfälligkeit des Masterplan-Modells menschliche Grundbedürfnisse: Ich will auch in einer VUKA-Welt einen Plan machen können, der mir dabei hilft, mich zu orientieren und weiterzuentwickeln. Mikro-Erfahrungen können hier die Lösung sein. Sie sind planbar. Ich kann zielgerichtet unterschiedliche Ideen testen, indem ich entsprechende Erfahrungen sammle, ohne durch einen rigiden Masterplan eingeschränkt zu werden. Sie geben mir die Handlungsfähigkeit zurück, die mir in der unvorhersehbaren VUKA-Welt vielleicht manchmal abhandenkommt. Doch allein durch die Erfahrungen kommen wir noch nicht dazu, unser Mosaik auszugestalten. Dazu fehlt noch ein entscheidender Teil der Mosaik-Methode, den wir in Prinzip 3 kennenlernen werden.

**Prinzip 3**
**Ich reflektiere neue Erfahrungen bewusst**
**und ehrlich, um mich an meinen echten Werten**
**und Bedürfnissen zu orientieren.**

Gute Nachrichten: Du hast einen klaren Vorteil gegenüber der Mosaikkünstlerin aus unserem Beispiel. Kein übersättigter Kunstmarkt und keine abgedrehten Kunstkritiker dürfen den Wert deines Werkes bestimmen, über die Schönheit deines Lebens-Mosaiks urteilst nur du. Es ist dein ganz persönliches Lebens(kunst)werk. Und damit es dir gefällt, musst du es nach deinen eigenen Werten und Bedürfnissen formen.

Werte und Bedürfnisse. Große Worte. Besonders für die jüngeren Generationen. Die Shell Jugendstudie 2019 zeigt, dass eine idealistische und sinnstiftende Werteorientierung bei jungen Menschen angesagter ist als noch vor ein paar Jahren. Jugendliche stehen vermehrt für ihre Werte und politischen Vorstellungen ein, wie man anhand der Klimademos von *Fridays for Future* unschwer erkennen kann. In deinem Lebens-Mosaik geht es nun aber nicht um die abstrakten Bedürfnisse deiner Generation. In deinem Lebens-Mosaik geht es um deine eigenen, ganz persönlichen Werte und Bedürfnisse – und zwar die echten.

Dieser letzte Nachsatz ist das, was die Sache so kompliziert macht. Weiß ich wirklich, was ich will? Ist das nicht genau die Frage: Was will ich überhaupt? Stimmt. Wir leben in einer Welt, in der sich Bedürfnisse teilweise so schnell ändern können wie die Welt um uns herum. Der Schlüssel zur Entdeckung unserer echten Bedürfnisse liegt in Prinzip 2: dem schnellen Ausprobieren und Reflektieren von Erfahrungen.

Die Sache mit dem Reflektieren ist allerdings leichter gesagt als getan. Wir haben nämlich schon oft im Vorhinein entschieden, was wir gut finden und was nicht. Wenn das so ist, können wir von den neuen Erfahrungen nicht viel lernen, da wir uns nicht wirklich auf sie einlassen. Wir werden schlicht nach Beweisen suchen, die unsere vorherige Einstellung untermauern. Auch hierfür haben Psychologen einen Namen: Bestätigungsfehler.

> **Bestätigungsfehler**
>
> Die selektive Wahrnehmung, Interpretation und Bevorzugung von Informationen, die den eigenen Erwartungen entsprechen.

Deshalb ist es umso wichtiger, sich in der Gestaltung deines Lebens-Mosaiks vollkommen auf neue Erfahrungen einzulassen – für eine gewisse Zeit. Ist diese Zeit abgelaufen, darf reflektiert werden, ob du weitere ähnliche Erfahrungen sammeln möchtest oder nicht. Lassen wir uns nicht bewusst auf neue Erfahrungen ein, nehmen wir uns selbst die Chance, unsere Werte und Bedürfnisse durch gezieltes Ausprobieren kennenzulernen.

Neben dem bewussten Einlassen auf Erfahrungen brauchen wir allerdings noch eines: Ehrlichkeit mit uns selbst. Denn ohne Ehrlichkeit sind unsere Reflexionen wenig wert.

So ging es mir zum Beispiel beim Thema Sport. Offen gestanden: Ich bin nicht die Sportlichste. Während mein Partner Ben jeden Tag joggen geht und schon mehrere Marathons gelaufen ist, lautete meine Pauschal-Ausrede: «Na ja, ich fahre ja oft mit dem Fahrrad ins Büro.» Dabei ist es nicht mal so, dass mir Sport keinen Spaß macht oder ich schlecht darin wäre. Ich habe einen braunen Gurt in Taekwondo und bin auch eine ganz passable Tennisspielerin. Wenn da nur der innere Schweine-hund nicht wäre. Bislang war ich diesem nervigen Tier in etwa so begegnet: «Du weißt, dass ich gesund leben will, und Sport muss man halt machen, also verschwinde gefälligst!» Mit dieser Ansage schloss ich einen Jahresvertrag im Fitnessstudio ab.

Hat nichts gebracht. Ich blieb unsportlich und spendete fortan dreißig Euro im Monat an das zwei U-Bahn-Stationen entfernte Fitnessstudio.

In den Wochen nach meiner Sterblichkeitskonfrontation nahm ich mir vor, der Sache auf den Grund zu gehen und her-auszufinden, warum ich eigentlich keinen Sport machte. Ich probierte ein paar Sportarten aus und kam irgendwann da-hinter, was es war, das mich vom Sport abhielt: Ich war schlicht und einfach zu faul. Doch statt mich zu maßregeln, dass das doch kein guter Grund war, überlegte ich, welchen Sport ich trotz meiner Faulheit ausüben könnte. Ich musste es mir nur einfach so leicht wie möglich und so schön wie möglich ma-chen. Ich stellte meine ehrlichen Bedürfnisse in den Vorder-grund, und es funktionierte. Die Yogastunde in unserem Büro, das Rad auf dem Nachhauseweg und die Badmintonhalle di-rekt in unserer Nachbarschaft kamen gegen meinen inneren Schweinehund an. Dann war es eben Badminton und nicht Tennis – auch gut. Ich musste mich einfach von der seltsamen Vorstellung verabschieden, dass ich endlich mein wahres Tennistalent entdecken würde, wenn doch nur ein geeigneter Platz zum Spielen in der Nähe wäre. Badminton war um die Ecke und machte Spaß. Ich ging hin. Das Entdecken – und Eingestehen – meiner echten Bedürfnisse hatte mich also nicht unbedingt zur Sportskanone, aber doch zu einem einigerma-ßen aktiven Menschen gemacht.

Der Knackpunkt dieser Anekdote ist jedoch nicht, dass auch unsportliche Menschen sportlich werden können. Der

Knackpunkt ist vielmehr ein weitverbreiteter Irrtum, den ich nicht nur bei mir selbst, sondern auch bei anderen entdecke: Viele Menschen gestalten ihr Leben nach einem Idealbild von sich selbst. In meinem Beispiel war das eine Nina, die so diszipliniert war, dass sie wegen eines abgeschlossenen Fitnessstudiovertrags jede Woche in einen fensterlosen, mit lauter Musik beschallten Raum gehen und dort Sport machen würde. Die Wahrheit aber war: Diese Nina existierte nicht (oder zumindest war das nicht ich). Da half auch nicht, dass ich mir selbst regelmäßig Vorwürfe machte, dass ich nicht wie diese andere Nina war.

Unser Leben nach dem Idealbild unserer selbst zu gestalten bringt uns in den meisten Fällen nicht weiter. Manchmal ist es hart, sich das einzugestehen. Man möchte sich selbst, den Eltern, dem Freundeskreis gefallen und richtet sein Leben entsprechend aus. Doch oft bin diese Person, für die ich einen bestimmten Sport, ein Studienfach oder einen Job gewählt habe, eben nicht wirklich ich. Oft ist es ein Idealbild meiner selbst, das ich vielleicht gerne wäre, aber eben nicht bin. Sich das einzugestehen ist essenziell, um für sich passendere Entscheidungen zu treffen. Gleichzeitig kann es eins der schwersten Dinge sein, die man im Leben tut: sich selbst einzugestehen, wer man wirklich ist, und die eigenen, echten Bedürfnisse ernst zu nehmen.

Eines möchte ich allerdings klarstellen: Sich seine echten Bedürfnisse – auch solche, die man nicht mag – einzugestehen heißt nicht, dass man sich ihnen ergibt. Nur weil ich so und so bin, heißt das nicht, dass ich immer so bleiben muss. Ganz im Gegenteil: Ein ehrliches Bild von mir selbst kann mich dazu befähigen, mein echtes Selbst zu verändern – gerade weil ich genau da ansetzen kann, wo es mir wirklich hilft. Mir einzugestehen, dass ich faul bin, ändert die Frage «Wie schaffe ich es, sportlich zu sein?» in «Wie schaffe ich es, meine Faulheit zu überwinden?».

Das unterstreicht einmal mehr, wie wichtig es ist, in der Gestaltung des eigenen Lebens-Mosaiks flexibel zu bleiben und es weiter zu überarbeiten. Denn – und auch das verrät ein Blick in die psychologische Literatur – wir tendieren oft dazu, zu unterschätzen, wie sehr wir uns im Leben noch verändern werden. Die Wissenschaft hat sich dafür den hübschen Namen *«End-of-History-Illusion»* ausgedacht.

### End-of-History-Illusion

Der Glaube, sich in der Vergangenheit viel mehr verändert zu haben, als man es in Zukunft je wieder tun wird.

Für das Kennenlernen unserer Bedürfnisse und somit des Lebens, das wir wirklich leben wollen, brauchen wir also ein bewusstes Ausprobieren von Optionen und eine radikale Ehrlichkeit mit uns selbst. Der Dreiklang *Schritt zurück – kleinste Mikro-Erfahrungen – ehrliche Reflexion* bildet die Grundlage der Mosaik-Methode. Wenn du dir jetzt denkst: «Alles klar, aber wie soll ich diese drei Leitsätze denn wirklich, ganz konkret, auf mein Leben übertragen?», dann freu dich auf das nächste Kapitel. Dort findest du Methoden, mit denen du dein Lebens-Mosaik entdecken und neue Mikro-Erfahrungen planen und reflektieren kannst.

# KAPITEL 4

# Die konkrete Umsetzung der Methode

Jetzt ist es so weit: Es geht an die Umsetzung. In diesem Kapitel findest du einige Illustrationen und Tipps, die dich durch die Mosaik-Methode führen. Die Methode basiert darauf, dass unsere Lebensgestaltung nicht in einem Vakuum stattfindet: Sie ist abhängig von der VUKA-Welt und unseren eigenen Bedürfnissen und Fähigkeiten. Wie im letzten Kapitel beschrieben, müssen wir also immer wieder Mikro-Erfahrungen machen und diese im Nachhinein reflektieren. So verändern wir schrittweise unser Lebens-Mosaik.

Der zugrunde liegende Prozess besteht also aus einem Kreislauf aus Erfahrungen und Reflexionen:

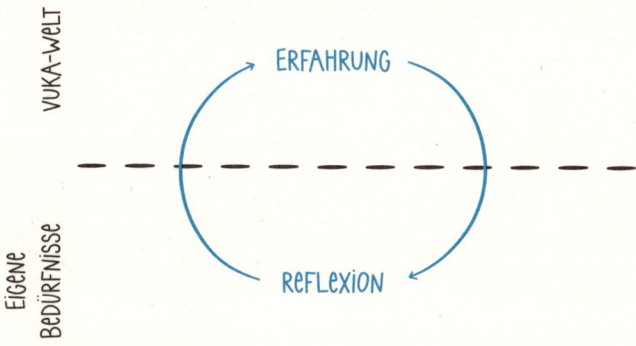

Über viele dieser Kreisläufe hinweg verändert sich dein Lebens-Mosaik in die Richtung, die sich für dich richtig anfühlt. Also in etwa so:

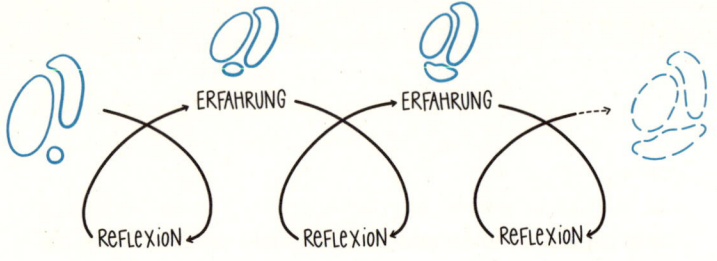

Um eine solche Veränderung konkret umzusetzen, empfehle ich dir einen Prozess aus drei Schritten, den du stetig wiederholst. Entdecke zuerst dein jetziges Lebens-Mosaik, entwickle dann dein gewünschtes Lebens-Mosaik und wage dich erst danach in kleinen, reflektierten Schritten an Veränderungen.

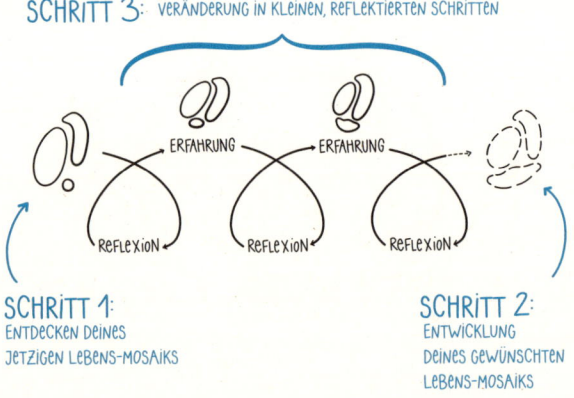

Um dich durch die einzelnen Schritte des Prozesses zu führen, möchte ich dir gerne von einem Fall erzählen, der mir so ähnlich begegnet ist. Oft mache ich Coachings mit Menschen, die vor der Frage stehen, ob sie gerade das Leben führen, das sie wirklich führen wollen. Ich gehe mit ihnen dann den Prozess der Mosaik-Methode durch und begleite sie beim Umbau ihres Lebens. Das ist immer eine sehr schöne Erfahrung und gibt mir Einblick in die verschiedensten Lebensmodelle und Herausforderungen. So habe ich auch mit Anna gearbeitet (das ist zwar nicht ihr tatsächlicher Name, aber er hätte auch sehr gut zu ihr gepasst). Anna stand zum Zeitpunkt unseres Coachings am Anfang ihrer Karriere: Sie war 29 Jahre alt, bereits seit drei Jahren in einer Unternehmensberatung angestellt und pendelte wegen einer Fernbeziehung zwischen Berlin und München, während sie selbst in Berlin lebte. Im ersten Schritt begann ich gemeinsam mit Anna, ihr derzeitiges Lebens-Mosaik zu entdecken – genau wie ich dich jetzt einlade, dasselbe zu tun.

## Schritt I
## Das Entdecken deines jetzigen Lebens-Mosaiks

Um dein aktuelles Lebens-Mosaik zu entdecken, solltest du dir zunächst einen ruhigen Platz, Stift und Papier suchen. Jetzt gilt es, dein Mosaik zu zeichnen. Das Wichtigste hierbei: Es gibt kein Richtig und Falsch. Du bist die einzige Person, die beurteilen darf, wie dein Mosaik aussieht. Niemand sonst kann dir sagen, wie du dein Leben zu sehen hast.

Aber fangen wir bei der wichtigsten Frage an: Was soll das gezeichnete Lebens-Mosaik abbilden?

Zunächst geht es bei deiner Zeichnung um eine Sammlung von Lebensbereichen, die dir in den Kopf kommen, wenn du an dein eigenes Leben denkst. Was meine ich damit? Lebensbereiche sind in diesem Zusammenhang alle Inhalte, die dein Leben ausfüllen. Das kann der Job sein, deine Familie, Hobbys und so weiter. Es können aber auch einzelne Aufgaben sein wie einkaufen gehen, mit Freunden telefonieren oder die nette alte Nachbarin besuchen. Und es können sogar Stimmungen sein wie Kontemplation oder Entspannung. Wirklich alles ist erlaubt – alles, was sich für dich richtig anfühlt. Bevor du dich dem Zeichnen eines Mosaiks widmest, kannst du auch gerne erst alle Lebensbereiche in einer Liste aufschreiben – je nachdem, wie es dir leichter fällt. Und falls du noch ein wenig Inspiration brauchst, wirf gerne einen Blick in den Kasten. Dort habe ich ein paar Kategorien und beispielhafte Mosaiksteine zusammengetragen.

**Deine möglichen Lebensbereiche – oder: Das ultimative 5G-Netzwerk**

Beim Sammeln deiner derzeitigen Lebensbereiche und -inhalte kannst du entlang der folgenden Kategorien denken:

**Gemeinschaft:** Familie, Freunde, Beziehung etc.
**Gesundheit:** Fitness, Ernährung etc.
**Geist:** Lernen, Glauben, Achtsamkeit etc.
**Gestalten:** Job, Erledigungen, Aufgaben etc.
**Genuss:** Hobbys etc.

Bevor du dein Lebens-Mosaik zeichnest, noch ein paar Worte zu Form und Größe der Steine: Auch hier ist dein Bauchgefühl gefragt. Die Größe eines Steins soll sich nicht auf die objektiv messbare Zeit beziehen, die du mit der jeweiligen Tätigkeit verbringst. In dem unten dargestellten Mosaik von Anna ist der Stein «Zugfahren» nicht zeitlich proportional zum Stein «Job» zu verstehen. Emotional fühlt sich dieser Stein jedoch für sie sehr groß an. Entsprechend hat sie ihn gezeichnet.

Allerdings gilt auch hier: Nur weil Anna ihr Mosaik so ausgestaltet hat – mit größtenteils rundlichen Mosaiksteinen –, musst du das nicht auch so tun. Jeder Mensch malt sein Mosaik unterschiedlich. Einige weitere «Techniken», die mir in Coachings begegnet sind, siehst du hier:

DAS «MEIN MOSAIK IST EIN BILD» – MOSAIK

DAS «MEINE STEINE HABEN GANZ UNTERSCHIEDLICHE FORMEN» – MOSAIK

DAS «ICH FINDE DREIECKE SCHÖNER» – MOSAIK

DAS «MEINE STEINE UNTERTEILEN SICH IN KLEINERE TEILE» – MOSAIK

Manche Menschen stellen sogar fest, dass sie ein paar Mosaik-steinen gar keine klar umrissene Form geben können. Sie ma-len stattdessen zum Beispiel wolkenartig schraffierte Gebilde. Auch das ist total in Ordnung – jede Form eines Mosaiksteins kann zu tieferen Erkenntnissen über den Inhalt des Steins füh-ren. Annas Mosaik könnte zum zweiten der oben aufgeführten Mosaiktypen zählen: Sie hat ihrem Familienstein eine andere Form gegeben als den restlichen Steinen. Was das bedeutet, kann man später klären. Beim ersten Zeichnen des Mosaiks ist alles richtig, wenn es das eigene, derzeitige Leben nur wieder-gibt. Dasselbe gilt auch für die Position der Steine: Anna hat den Stein «Familie» relativ weit entfernt von den restlichen Steinen gesetzt. Auch darüber kann man in einem späteren Schritt reflektieren.

Für das Zeichnen deines aktuellen Lebens-Mosaiks habe ich noch ein paar Tipps zusammengestellt:

## Tipps für das Zeichnen deines Lebens-Mosaiks

- Die Atmosphäre, in der du reflektierst, ist wichtig. Such dir einen ruhigen Platz, an dem du ungestört zeichnen und nachdenken kannst. Vielleicht machst du dir ruhige Musik an oder benutzt eine besondere Papierart, um deine anstehenden Reflexionen wertzuschätzen.
- Leg einfach los – versuch nicht zu viel darüber nach-zudenken, was du zeichnest. Wenn etwas nicht deinem Gefühl entspricht, wirst du es vermutlich dann merken, wenn du es gezeichnet hast.
- Verwende am besten einen Bleistift – dann kannst du alles wegradieren, was sich doch nicht ganz richtig anfühlt.

- Verwende Farben – zusätzlich zu Größe und Form fügst du dadurch eine weitere Dimension hinzu. Vertraue auf das, was sich richtig anfühlt.
- Lass die Perfektion hinter dir. Das Mosaik soll dir nur eine grobe Einschätzung des Status quo geben. Je länger du über das Mosaik nachdenkst, desto mehr läufst du Gefahr, dein Bauchgefühl zu missachten, und das wäre in diesem Fall ein echter Nachteil.
- Konzentriere dich darauf, wie dein derzeitiges Leben *ist,* und nicht, wie es sein soll. Das Zeichnen des gewünschten Mosaiks folgt erst im zweiten Schritt.

## Schritt 2
## Die Entwicklung deines gewünschten Lebens-Mosaiks

Im ersten Schritt hast du dich mit dem Leben beschäftigt, wie du es gerade führst. Wir können das erste Mosaik also Status-quo-Mosaik nennen. Im zweiten Schritt geht es jetzt um das Lebens-Mosaik, das du dir wünschen würdest. Dieses zweite Mosaik könnten wir also dein Wunsch-Mosaik nennen. Vielleicht hattest du beim Zeichnen deines Status-quo-Mosaiks bereits bei manchen Steinen ein ungutes Gefühl. Nach dem Motto: «Oh Mensch, das hätte ich gerne anders, aber wenn ich ehrlich bin, muss ich das derzeit so zeichnen.»

Jetzt darfst du genau diese Dinge verändern. Du darfst dein Leben als Mosaik neu entwerfen. Welches Leben würdest du jetzt gerade gerne führen? Allerdings geht es hier nicht um eine langfristige Vision deines Lebens (das ist auch sehr spannend, aber dazu mehr in Kapitel 7). Es geht um in kürzerer Zeit erreichbare Ziele. Also um einen ungefähren Zeitraum von maximal zwei Jahren, im Idealfall von ein paar Monaten. Wie möchtest du, dass dein Lebens-Mosaik in ein paar Monaten aussieht? Am besten orientierst du dich dafür an deinem derzeitigen Status-quo-Mosaik.

Entweder du nimmst dir ein leeres Blatt Papier und zeichnest das Mosaik komplett neu, oder aber du übermalst einfach dein Status-quo-Mosaik, indem du die Dinge direkt veränderst, die dich am meisten stören.

Anna hat ausgehend von ihrem Status-quo-Mosaik folgendes Wunsch-Mosaik gezeichnet:

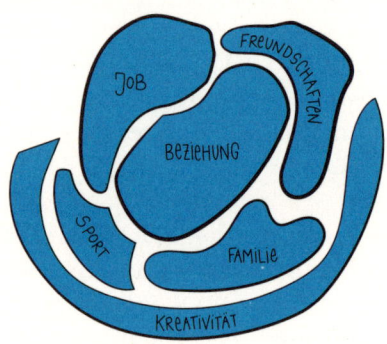

Dabei hat sie festgestellt:

«Mein Job nimmt zu viel Raum ein. Dieser Mosaikstein muss kleiner werden.»

«Ich brauche eine klare Trennung zwischen meinem Job und meinen sozialen Beziehungen.»

«Meine Familie ist mir zu weit weg und das Verhältnis zu schwierig. Ich möchte mehr Nähe zu meinen Eltern.»

«Ich verbringe zu viel Zeit beim Pendeln. Ich will, dass dieser Stein fast vollständig wegfällt.»

«Ich habe die Kreativität vollkommen aus den Augen verloren. Ich will, dass sie mein Leben wieder so umfasst wie früher.»

Am letzten Kommentar von Anna kannst du erkennen, dass sie sich nicht nur damit beschäftigt hat, was sie im Status-quo-Mosaik gezeichnet hat, sondern ebenfalls damit, was sie *nicht* gezeichnet hat. Es gibt etwas, das ihr schlichtweg komplett fehlt in ihrem jetzigen Leben. Ist das bei dir auch so?

Dein Wunsch-Mosaik zu zeichnen ist vermutlich gar nicht so leicht, denn: Die Aufgabe erfordert radikale Ehrlichkeit mit dir selbst. Was gefällt dir tatsächlich und was nicht? Gibt es etwas, das du dir selbst eingestehen musst? Was ist dir wichtig? Was ist es, das du dir wirklich wünschst?

Lass dir für diese Aufgabe ruhig Zeit. Vielleicht willst du deine Zeichnung noch einmal auf einem Spaziergang überdenken, oder du machst eine Kaffeepause und kehrst mit einem frischen Blick zurück. Selbst eine Nacht darüber zu schlafen kann hier helfen.

Zu diesem Zeitpunkt musst du allerdings noch nicht darüber nachdenken, wie – oder ob – du dein Wunsch-Mosaik erreichen kannst. Das folgt in Schritt Nummer 3. Versuche, dich nicht mit Gedanken wie «Das geht ja eh nicht …» oder «Aber dann bin ich ja gerade in der falschen Richtung unterwegs …» aufzuhalten. Jetzt sind erst mal nur du, deine Wünsche, Bedürfnisse und – mal wieder – dein Bauchgefühl gefragt. Letzteres sollte dir auch zu verstehen geben, welche Veränderung dir am dringlichsten erscheint. Denn mit dieser Veränderung kannst du in Schritt 3 starten.

Hier ein paar Tipps zum Zeichnen deines Wunsch-Mosaiks:

**Tipps zum Zeichnen deines Wunsch-Mosaiks**

- Nimm dir Zeit. Mache zwischen dem Zeichnen des Status-quo-Mosaiks und des Wunsch-Mosaiks gerne eine Pause.
- Bevor du dein Wunsch-Mosaik zeichnest, stelle dir ein paar Fragen zu deinem Status-quo-Mosaik:
  - Warum hast du den einzelnen Steinen die Form gegeben, die sie haben?
  - Warum hast du sie auf eine gewisse Weise positioniert?
  - Was stört dich am meisten an deinem Status-quo-Mosaik?
  - Was findest du toll an deinem Status-quo-Mosaik?
  - Was fehlt im Status-quo-Mosaik, das du eigentlich gerne in deinem Leben haben würdest?
- Suche dir jemanden, dem du vertraust und dem du dein Status-quo-Mosaik zeigen kannst. Besprech mit dieser Person deine Antworten auf die obigen Fragen.
- Lasse dich wieder auf dein Bauchgefühl ein und zeichne das, was du dir wirklich wünschst. Die Frage, ob du einen bestimmten Stein überhaupt verändern kannst, beantwortest du erst in Schritt 3.

## Schritt 3
## Veränderungen in kleinen, reflektierten Schritten

Jetzt kommen wir zu Schritt 3 der Mosaik-Methode. Die Frage lautet: Wenn du weißt, wie a) dein Leben derzeit aussieht, und du auch weißt, wie du b) dein Leben gerne hättest – wie kommst du von a nach b?

Du könntest jetzt natürlich alles hinwerfen und dein Leben komplett umkrempeln. Könntest du. Aber bevor du so eine drastische Veränderung einleitest, machst du dann vermutlich doch eher weiter wie gehabt, oder? In den vorausgehenden Kapiteln bin ich schon häufiger darauf eingegangen, welche Hürde es darstellt, zu glauben, dass man sein Leben nur mit großen, radikalen Brüchen verändern kann. Das bringt uns in den meisten Fällen keinen Schritt weiter, weil die geforderte Radikalität dann eben doch zu viel ist. Außerdem wissen wir ja, dass sich in der VUKA-Welt, in der wir uns befinden, die Dinge ganz anders abspielen können als zunächst erwartet. Es ist schlauer, zuerst ein paar Erfahrungen zu sammeln und zu reflektieren, bevor man sich auf etwas festlegt. Veränderungsprozesse so zu gestalten ist mitnichten die berühmte «Nummer sicher» oder gar eine Verzögerungstaktik. Wir wollen in geplanten kleinen und vor allem schnellen Schritten Erfahrungen mit Lebensveränderungen sammeln, ohne viel Zeit zu verlieren. Damit sind wir bei den Mikro-Erfahrungen angekommen, die schon in Prinzip 2 eines Lebens nach der Mosaik-Methode aufgetaucht sind.

Für die Umsetzung der Mikro-Erfahrungen ist zunächst eine kurze Planung nötig, schließlich sollst du ja Mikro-Erfahrungen machen, die dich deinem Ziel wirklich näher bringen. Die erste Frage, die du dir stellen solltest, ist entsprechend diese: Welche Veränderung in deinem Mosaik möchtest du als Erstes vornehmen?

Beim Umbau deines Lebens ist es nämlich ratsam, nicht an allen Ecken gleichzeitig anzufangen. Das kann schnell zu Chaos führen. Suche dir gezielt einen Lebensstein in deinem Status-quo-Mosaik heraus, bei dem dir die Veränderung besonders wichtig ist oder an den du dich als Erstes herantraust. Mit diesem Stein fängst du an. Schnell wirst du merken: Sobald du einen Stein in deinem Lebens-Mosaik veränderst, tut sich automatisch auch etwas bei den anderen Steinen. Irgendwie greifen alle unsere Lebenssteine ineinander und hängen voneinander ab. Veränderst du einen, bewegen sich auch die anderen. Wie diese Veränderungen dann im Einzelnen aussehen, kannst du nur durch Erfahrungen und ein stetiges Reflektieren deines Lebens-Mosaiks herausfinden. Würdest du alle Lebenssteine gleichzeitig verändern, wären die Auswirkungen auf dein Leben womöglich unvorhersehbar und eventuell sogar überfordernd. Meist sagt dir dein Bauchgefühl, bei welchem Stein du anfangen willst.

> Wenn dich dein Bauchgefühl im Stich lässt, hilft dir vielleicht folgender Gedanke: Die Reihenfolge deiner Lebensveränderungen ist nicht so wichtig. Wendest du die Mosaik-Methode in deinem Leben konsequent an, werden nach und nach alle Veränderungsprozesse angestoßen.

Sobald du dich auf einen Stein festgelegt hast, kommen wir zu der nächsten wichtigen Frage: Wie kannst du die Veränderung in deinem Leben erfahren und testen? Dafür solltest du dich kurz an die Logik der Mikro-Erfahrungen zurückerinnern. Wie du weißt, sollen Mikro-Erfahrungen dir helfen, neue Lebensinhalte aufwandsarm auszuprobieren. Die Frage lautet also eigentlich: Mit welchen Erfahrungen könntest du schnell und einfach herausfinden, wie du den Mosaikstein verändern kannst und ob eine Veränderung wirklich zu dir passt?

Der beste Weg, sich eine Reihe möglicher Mikro-Erfahrungen auszudenken, ist das sogenannte «Reframing» (wörtlich:

neu rahmen). Dieses Konzept kommt aus der Innovationsarbeit und hilft dir dabei, große Fragen auf ein kleines, bearbeitbares Level herunterzuschrauben.

Lass uns wieder zu Anna und ihrem Mosaik zurückkehren, um «Reframing» in Aktion kennenzulernen. Sie hat sich den Mosaikstein «Kreativität» für ihre ersten Mikro-Erfahrungen ausgesucht. Wenn du dich erinnerst: Der Kreativitätsstein tauchte in Annas Status-quo-Mosaik überhaupt nicht auf. Erst in ihrem Wunsch-Mosaik hat sie festgestellt, dass sie mehr Kreativität in ihrem Leben möchte und dass diese möglichst viele ihrer Lebensbereiche umspannen soll. Um diese Veränderung in ihrem Leben anzustoßen, fragt sie sich zunächst, woran sie im Alltag erkennen kann, dass ihr kreative Tätigkeiten fehlen. Diese Frage ist für das oben genannte «Reframing» essenziell: Woran erkennst du im Alltag, dass ein Mosaikstein so aussieht, wie du ihn im Status-quo-Mosaik gezeichnet hast? Eine Sache, die Anna einfällt, ist, dass die Gitarre ihrer Mutter unbenutzt in einer Zimmerecke steht und dass seit Jahren eine Staffelei im Keller liegt, auf der sie noch immer kein Bild gemalt hat. Anna ist wegen ihres Jobs und der Fernbeziehung einfach viel zu selten zu Hause und kann das Instrument oder die Staffelei ja nicht überallhin mitschleppen. Anna stellt also folgende Hypothese auf: Wenn es einfacher wäre, kreative Tätigkeiten auch während Geschäftsreisen und Wochenendbesuchen auszuüben, würde sie kreativer leben. Sie versucht, folgende Frage für sich zu beantworten: Wie kann ich, auch wenn ich nicht zu Hause bin, malen oder musizieren?

Das ist ein ziemlicher Unterschied zu Annas Ausgangsfrage: Wie kann Kreativität mein ganzes Leben umfassen? Sie hat die große, vielleicht unbeantwortbar erscheinende Frage «reframed»: Sie hat sie heruntergebrochen auf eine Frage, für die sie jetzt Lösungen finden kann.

Wohlgemerkt: Anna ist sich bewusst, dass es komplexere Gründe als Zeitprobleme geben kann, warum sie die Gitarre seit Jahren nicht mehr angefasst und die Staffelei im Keller verstaut hat. Aber Anna hat die *Hypothese* aufgestellt, dass die Möglichkeit, auch auf Reisen kreativ zu sein, ihren Kreativitätsstein wachsen lassen wird. Diese Hypothese gilt es jetzt zu *testen*, indem Anna Mikro-Erfahrungen macht und reflektiert. Dadurch hat sie die Chance, noch besser zu verstehen, welche kreativen Tätigkeiten ihr tatsächlich Spaß machen und wie diese am besten in ihr Leben integrierbar sind. Sie macht also ein Brainstorming: Welche Mikro-Erfahrungen könnte sie so schnell wie möglich mit so wenig Aufwand wie möglich durchführen?

Für das Brainstorming der möglichen Mikro-Erfahrungen nimmt sich Anna ein weißes Blatt Papier und sammelt ein paar Ideen: Sie könnte eine weitere Gitarre bei ihrem Freund parken, um auch dort an den Wochenenden spielen zu können. Sie könnte sich ein kleines Zeichenbuch kaufen, das ohne Probleme in ihren Koffer passt, und das Zeichnen statt der Malerei ausprobieren. Sie könnte während Arbeitspausen an digitalen Fotocollagen basteln und wäre so nicht mehr auf die Staffelei angewiesen. Sie könnte als Abendroutine jeden Tag eine kleine Zeichnung in ihrem Journal anfertigen. Sie könnte ihre Social-Media-Apps deinstallieren und sich dafür Zeichen-Apps runterladen. Sie könnte sich ein kleineres Instrument, wie etwa eine Ukulele oder eine Mundharmonika, kaufen und überallhin mitnehmen. Sie könnte aus ihren Reisen ein Fotoprojekt machen und ihre Erlebnisse monatlich zu Collagen verarbeiten.

Okay, nicht alle von Annas Ideen sind Mikro-Erfahrungen. Dafür sind einige viel zu aufwendig oder zu radikal. Aber dazu kommen wir gleich. Erst mal hat Anna ihren Gedanken freien

Lauf gelassen und alle Ideen gesammelt, die ihr zu der folgenden Frage eingefallen sind: «Wie könnte ich auch auf meinen Reisen kreativ sein?»

Den Ablauf von Annas bisherigem Gedankengang habe ich dir hier aufgezeichnet:

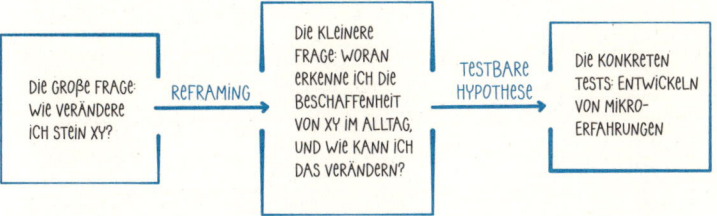

Genau dieses Vorgehen empfehle ich dir für die Entwicklung deiner Mikro-Erfahrungen: Such dir einen Lebensstein aus, den du verändern willst, brich ihn mit Hilfe des «Reframings» auf alltägliche Erfahrungen herunter und überlege, wie du diese alltäglichen Erfahrungen verändern könntest. Falls dir keine Ideen für Mikro-Erfahrungen einfallen, wirf mal einen Blick in den Kasten. Dort habe ich dir ein paar Brainstormingtipps zusammengestellt.

**Brainstormingtipps**

*Tipp 1*: Benutze Stift und Papier. Wenn du Ideen schriftlich vor dir siehst, fällt es dir oft leichter, daraus noch weiterführende Ideen zu entwickeln.

*Tipp 2*: Vergiss alle Beschränkungen: Was würdest du machen, wenn du unendlich viel Geld, Zeit und Mut hättest?

*Tipp 3*: Erzähle dir deinen gewohnten Tagesablauf als Geschichte: Was machst du beim Aufstehen, am Vormittag, beim Essen, am Abend, beim Schlafengehen? Für jeden Zeitpunkt in deiner Geschichte überlegst du, ob du dich anders verhalten könntest: Wo kannst du deine Routine ändern?

*Tipp 4*: Beim Brainstorming geht es darum, *viele* Ideen (nicht ausschließlich *gute* Ideen) zu sammeln.

*Tipp 5*: Setze dir ein Zeitlimit. Es ist ein Irrglaube, dass du mit mehr Zeit auf bessere Ideen kommen würdest. Ein paar Minuten reichen für eine erste Sammlung. Weiterführende Ideen fallen dir oft noch im Nachhinein ein.

Wie oben bereits angesprochen, kann es sein, dass nicht jede mögliche Erfahrung, die dir einfällt, auch eine gute erste Mikro-Erfahrung ist. Annas Idee, ihre Dienstreisen zu einem künstlerischen Fotoprojekt zu machen, zählt zum Beispiel nicht gerade zu den Mikro-Erfahrungen. Dafür ist sie viel zu aufwendig. Mikro-Erfahrungen kosten dich möglichst wenig Zeit, Aufwand, Geld und Nerven. Die Fotoprojekt-Sache könnte man hingegen eher eine Makro-Erfahrung nennen. Aus Annas Ideen kann man also eine Hierarchie bilden wie in der folgenden Illustration:

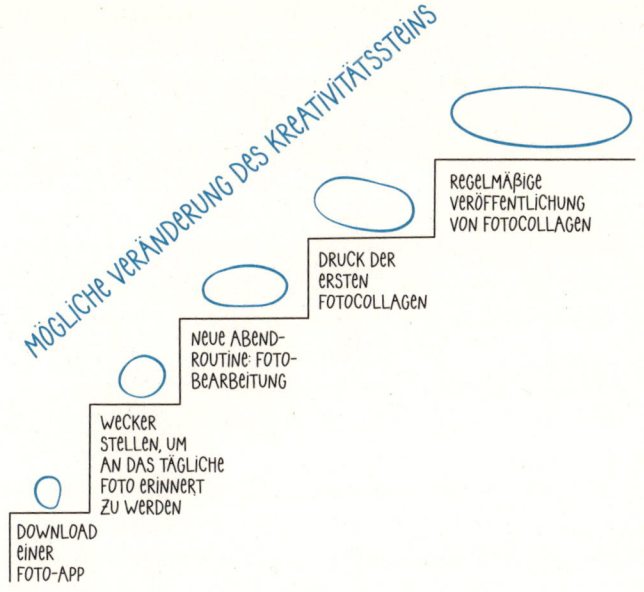

MÖGLICHE VERÄNDERUNG DES KREATIVITÄTSSTEINS

REGELMÄSSIGE VERÖFFENTLICHUNG VON FOTOCOLLAGEN

DRUCK DER ERSTEN FOTOCOLLAGEN

NEUE ABEND-ROUTINE: FOTO-BEARBEITUNG

WECKER STELLEN, UM AN DAS TÄGLICHE FOTO ERINNERT ZU WERDEN

DOWNLOAD EINER FOTO-APP

Mit der kleinsten und aufwandsärmsten Erfahrung will Anna anfangen und nur dann mit ihr weitermachen, wenn diese Erfahrung positiv war. Wenn sie noch mehr Veränderung haben möchte, kann sie andere (gegebenenfalls mit mehr Aufwand verbundene) Veränderungen ausprobieren.

Um dir das Planen und Umsetzen deiner Mikro-Erfahrungen leichter zu machen, habe ich einen Tipp: Lege dir eine Tabelle an, in die du die Erfahrungen einträgst, die du als Nächstes machen möchtest. Deine Tabelle ist eine Art Verpflichtung an dich selbst. In ihr trägst du auch ein, wann und für wie lange du deine Mikro-Erfahrungen machen möchtest. Außerdem hilft sie dir nach jeder gesammelten Erfahrung bei der Reflexion.

Zeichne die Tabelle auf ein Blatt, in dein Tagebuch oder wohin auch immer (eine Freundin von mir hat sie sich sogar an ihren Kühlschrank gehängt) – in etwa nach diesem Vorbild:

| MOSAIKSTEIN | VERÄNDERUNG | NÄCHSTE MIKRO-ERFAHRUNG | DATUM DER NÄCHSTEN MIKRO-ERFAHRUNG | FAZIT |
|---|---|---|---|---|
| KREATIVITÄT | GRÖßER | JEDEN TAG EIN FOTO MACHEN UND IN DER FOTO-APP BEARBEITEN | NÄCHSTE 7 TAGE (BIS 16. SEPTEMBER) | FUNKTIONIERT! WEITERMACHEN. ABER ES GEHT NOCH MEHR … |

In die ersten beiden Spalten trägst du das Ergebnis des Vergleichs deines Status-quo-Mosaiks mit deinem Wunsch-Mosaik ein: Welchen Stein möchtest du verändern und in welche Richtung? Soll der Stein größer, kleiner, farbiger, kantiger oder runder werden?

In die nächsten beiden Spalten trägst du möglichst konkret deine erste Mikro-Erfahrung ein: Du sollst genau wissen, *was* du *wann* bzw. *wie lange* ausprobieren möchtest. Wähle kurze, aber trotzdem realistische Zeitrahmen, um deinen Mikro-Erfahrungen eine wirkliche Chance zu geben, aber sie auch rechtzeitig zu hinterfragen.

Das Wichtigste an den Mikro-Erfahrungen ist neben ihrem geringen Aufwand, dass sie keinerlei Verpflichtung darstellen, die Idee auch langfristig umzusetzen. Es geht um ein schnelles und bewusstes Ausprobieren, ehe du dich für etwas entscheidest. Falls dir die erste Idee in der praktischen Umsetzung nicht gefällt, probierst du eben die nächste, ebenfalls möglichst aufwandsarme Idee aus. Irgendwann wirst du etwas finden, das deinen Lebensstein in die gewünschte Richtung verändert.

Nach jeder Mikro-Erfahrung ist eine kurze Reflexion nötig. Diese Auswertung ist nicht optional, sondern essenziell. Die Reflexion muss dabei nicht aufwendig sein: Du kannst einfach ein kurzes Fazit in deine Tabelle eintragen, indem du festhältst, ob du die Mikro-Erfahrung langfristig in dein Leben integrieren oder ob du andere Erfahrungen ausprobieren möchtest. Anna hat das in etwas so gemacht:

| MOSAIKSTEIN | VERÄNDERUNG | NÄCHSTE MIKRO-ERFAHRUNG | DATUM DER NÄCHSTEN MIKRO-ERFAHRUNG | FAZIT |
|---|---|---|---|---|
| KREATIVITÄT | GRÖßER | JEDEN TAG EIN FOTO MACHEN UND IN DER FOTO-APP BEARBEITEN | NÄCHSTE 7 TAGE (BIS 16. SEPTEMBER) | FUNKTIONIERT! WEITERMACHEN. ABER ES GEHT NOCH MEHR ... |
| " | " | FOTOS ZU WÖCHENTLICHEN COLLAGEN ZUSAMMENFÜGEN UND BEI INSTA POSTEN | NÄCHSTE 2 WOCHEN (BIS 30. SEPTEMBER) | |

Falls dir eine Mikro-Erfahrung nicht gefallen hat, versuche festzustellen, woran das genau lag. War die Idee schlecht, oder hat etwas in der Ausführung nicht ganz gepasst? Hast du dir vielleicht nicht genug Zeit gelassen, um der Idee eine wirkliche Chance zu geben?

Die in deiner Tabelle festgesetzten Reflexionszeiten (immer zum Ende einer Mikro-Erfahrung) können eine wahre Erleichterung sein. Vielleicht geht es dir ja ebenfalls so: Ich bin ein Mensch, der sich tendenziell zu oft hinterfragt. Ich musste erst lernen, dass es nicht hilfreich ist, sich ständig die Frage zu stellen: «Ist das hier überhaupt das Richtige für mich?» Zu wissen, dass der Moment zum Stellen der Frage kommen wird und in meiner Tabelle oder vielleicht sogar meinem Kalender eingetragen ist, gibt mir die Freiheit, mich bis dahin wirklich auf die Erfahrung einzulassen. Es führt dazu, dass ich mich besser entspannen kann. Obwohl ich meine Lebensinhalte regelmäßig hinterfrage, gibt mir genau diese Regelmäßigkeit die Beständigkeit und Sicherheit, die ich brauche: Zwischen meinen Reflexionsterminen kann ich einfach nur (er)leben.

Zur Entwicklung deiner Mikro-Erfahrungen und zum Ausfüllen deiner Tabelle habe ich dir hier ein paar Tipps zusammengestellt.

### Tipps zum Ausfüllen deiner Tabelle

- Trage zunächst nur eine (möglichst kleine und aufwandsarme) Mikro-Erfahrung ein. Erst wenn du diese Erfahrung gemacht und reflektiert hast, ob du sie ausbauen oder durch eine ganz andere Erfahrung ersetzen möchtest, trägst du die nächste Mikro-Erfahrung für den Mosaikstein ein.
- Setze dir konkrete Termine und Deadlines. Verpflichte dich selbst, deine Mikro-Erfahrungen auch wirklich zu diesem Datum umzusetzen und anschließend zu reflektieren. Gib dir für jede Mikro-Erfahrung genügend Zeit, aber versuche trotzdem, die Zeiträume bis zur Reflexion möglichst kurz zu halten.
- Am besten trägst du die Daten deiner Mikro-Erfahrungen und Reflexionen nicht nur in deine Tabelle, sondern direkt in deinen Kalender ein, damit du sie nicht vergisst. Du kannst auch einfach einen Termin (z. B. alle

zwei Wochen) festlegen, an dem du regelmäßig alle vergangenen Mikro-Erfahrungen reflektierst.

- Hänge dir deine Tabelle an einen Ort in deinem Zimmer/deiner Wohnung, wo du sie ständig siehst. Dann verlierst du deine Mikro-Erfahrungen nicht aus dem Auge.

- Wenn du die Mikro-Erfahrungen machst, versuche möglichst offen an sie heranzugehen. Wenn du schon vorher entschieden hast, dass du etwas gut oder schlecht findest, dann wird die Erfahrung deine Erwartung vermutlich nur bestätigen (ganz nach Prinzip 3 der Mosaikmethode).

Bei der Reflexion deiner Mikro-Erfahrungen können dir folgende Fragen helfen:

- Hat mich die Erfahrung der angestrebten Veränderung des Mosaiksteins näher gebracht?

- Falls ja: Was könnte eine sinnvolle und etwas aufwendigere Mikro-Erfahrung sein, die auf diese Erfahrung folgen kann?

- Falls nein: Was könnte eine andere Mikro-Erfahrung sein, die mich der Veränderung näher bringt? Oder: Was könnte ich an der bisherigen Erfahrung verändern, damit sie erfolgversprechender wird?

Die Reflexion der Mikro-Erfahrungen ist gleichzeitig eine Reflexion eines sehr kleinen Teils deines Lebens. Grundlage der Mosaik-Methode ist allerdings das Reflektieren deines Lebens-Mosaiks als Ganzes, wie in Schritt 1 beschrieben. Da sich die Welt und du selbst immer weiter verändern, ist es notwendig, regelmäßig einen Schritt zurückzutreten und das eigene Lebens-Mosaik als Ganzes zu betrachten. Klare Sache – wir sollten in festgesetzten Abständen, am besten viertel- oder halbjährlich, Stift und Papier nehmen und unser gesamtes Lebens-Mosaik zeichnen, um es zu reflektieren. Wir wiederholen also immer wieder die Schritte 1, 2 und 3.

Um diese regelmäßigen Mosaikreflexionen nicht zu vergessen, trägst du sie am besten ebenfalls in deinen Kalender ein. Mein Tipp: Führe diese Reflexionsphasen während eines Urlaubs durch, da hast du am ehesten den Kopf frei. Die Neujahrstage eignen sich ebenfalls gut für solche Reflexionen.

Um dir die Umsetzung von den drei Schritten der Mosaik-Methode zu erleichtern, kannst du auch einen Blick auf Seite 193 werfen. Neben einer 2-Wochen-Challenge, mit deren Hilfe du die Mosaik-Methode für ein paar Tage ausprobieren kannst, findest du in jenem Kapitel einen Coachingbaum, der dich durch den gesamten Prozess leitet.

## Die Mosaik-Methode im Tandem umsetzen

Meist ist es gar nicht so leicht, Dinge, die man sich vorgenommen hat, auch wirklich umzusetzen. Das kenne ich nur zu gut. Einfacher wird die Sache, wenn du jemanden hast, dem du Rechenschaft schuldig bist. Das klingt ernster, als es ist. Warum suchst du dir nicht einfach einen Mosaik-Buddy? Ihr könnt euch gegenseitig an eure jeweiligen Reflexionen erinnern und über eure Mosaike und gewünschten Veränderungen sprechen. Eine andere Person kann dir oft eine Perspektive auf dein Leben eröffnen, die du ansonsten übersehen hättest. Hier ein paar Tipps für die Umsetzung der Mosaik-Methode im Tandem:

- Suche dir eine Person, die dich gut kennt und mit der du gut reden kannst. Bestenfalls ist diese Person allerdings nicht direkt von deinen Lebensentscheidungen betroffen.
- Gewährt euch viel individuelle Reflexionszeit, zum Beispiel beim Zeichnen eurer Lebens-Mosaike, und kommt erst zusammen, um eure Zeichnungen und Gedanken miteinander zu teilen.
- Versucht Wege zu finden, wie ihr euch gegenseitig bei euren Mikro-Erfahrungen unterstützen könnt – ohne den Erfolg der Erfahrungen von der anderen Person abhängig zu machen.
- Setzt euch feste Termine für eure gemeinsamen Reflexionen und macht es euch schön. Warum nicht gemeinsam kochen und einen Film anschauen, wenn ihr mit den Reflexionen fertig seid?

# TEIL 2

# Die Mosaik-Methode und deine Beantwortung wichtiger Lebensfragen

«Mach dir keine Gedanken über den Weg, sondern widme dich dem ersten Schritt. Er ist das Schwierigste, nur von dir hängt er ab.»
*Die vierzig Geheimnisse der Liebe* von Elif Shafak

In den letzten Kapiteln hast du die Mosaik-Methode kennengelernt und sie sogar schon angewandt. Du hast die Vogelperspektive eingenommen und dich deinem Leben als Ganzem gewidmet. Du hast betrachtet, wie sich die unterschiedlichen Bereiche deines Lebens zueinander verhalten, und hast vielleicht bereits Veränderungen vorgenommen.

Trotzdem begegnet mir in meinen Coaching-Sessions oftmals der Wunsch, auf spezifischere Fragen einzugehen – auf kleinere Aspekte unseres Lebens oder auf einen konkreten Lebensbereich (Mosaikstein). Auch dabei kann die Mosaik-Methode helfen. Hier die Fragen, die mir am häufigsten begegnen:

| FÄHIGKEITEN | SOZIALE BEZIEHUNGEN | SINN |
|---|---|---|
| 1. WAS WILL ICH LERNEN? | 1. WEN MÖCHTE ICH IN MEINEM LEBEN HABEN? | 1. ENTSPRICHT MEIN LEBEN MEINEN WERTEN – UND WELCHE HABE ICH ÜBERHAUPT? |
| 2. WIE KANN ICH AM BESTEN ARBEITEN? | 2. SIND LEBENSLANGE BEZIEHUNGEN ÜBERHAUPT NOCH MÖGLICH? | 2. WAS IST MEINE VISION? |
| 3. WANN KANN ICH MIT MEINEN LEISTUNGEN ZUFRIEDEN SEIN? | 3. WELCHE ANSPRÜCHE DÜRFEN ANDERE AN MICH STELLEN? | 3. WIE FINDE ICH ERFÜLLUNG? |

Diese Fragen könnte man als wichtige Fragen unserer Zeit bezeichnen: Sie begegnen vielen von uns immer wieder und werden immer dringlicher. Es gibt auf sie keine universell gültige Antwort. Es sind Fragen, die individuelle Antworten erfordern – jeder Mensch kann sie nur für sich selbst betrachten. Auch das ist ein Ergebnis der gesellschaftlichen Entwicklungen, die ich in Kapitel 2 beschrieben habe: Heute dürfen wir die Antworten auf diese Fragen eigenständig finden. Wo früher meine Gruppenzugehörigkeit klar war, kann ich heute meine sozialen Beziehungen frei wählen. Wo früher meine Fähigkeiten klar messbar waren, ist es heute schwierig, mich mit anderen zu vergleichen. Wo mir früher die Religion als Kompass den Weg gewiesen hat, darf ich heute selbst entscheiden, was der Sinn meines Lebens ist.

Aber wie finde ich meine ganz persönlichen Antworten auf diese doch so wichtigen Fragen?

In den folgenden Kapiteln erwarten dich Übungen zur Mosaik-Methode, die dir dabei helfen können, deine Antworten zu finden. Die Übungen werden dir keine klaren, direkten Handlungsmaximen liefern, aber sie können dich dabei unterstützen, dich im Spannungsfeld, das die heutige Zeit bei jeder dieser Fragen aufspannt, zu positionieren.

Such dir die Fragen heraus, die dich interessieren. Die übrigen kannst du überspringen oder dir für später aufheben. Komme mit Hilfe der Mosaik-Methode deinen eigenen Antworten näher!

# KAPITEL 5

# Wann bin ich gut genug?
# Fähigkeiten für unsere Zeit

Was will ich lernen?

Wie kann ich am besten arbeiten?

Wann kann ich mit meinen Leistungen zufrieden sein?

In diesem ersten Abschnitt geht es um Fähigkeiten. Welche Fähigkeiten braucht man in der heutigen Zeit? Das ist eine Frage, die zurzeit mit Eifer auf einigen Bildungskonferenzen diskutiert wird. Nicht nur aufgrund des internationalen Wettbewerbs müssen wir uns in Deutschland die Frage stellen: Welche Fähigkeiten müssen unsere Kinder erlernen, um «fit für die Zukunft» zu sein? Ich möchte an dieser Stelle nicht in eine Diskussion über den Zustand unseres Bildungssystems abdriften (dazu mehr im Nachwort). Ich möchte allerdings eines feststellen:

Wenn wir darüber sprechen, uns zeitgemäße Fähigkeiten anzueignen, dann sprechen wir hier nicht nur über Schulen oder Universitäten. Genau das wäre nämlich ein veraltetes Denkmuster des linearen Lebensmodells: In der Jugend befindet man sich durch Schulbesuch und Ausbildung bzw. Studium in der Phase des Lernens – anschließend folgt die Phase des Umsetzens, nämlich wenn man in das Berufsleben eintritt. Vielleicht war das früher mal so (obwohl ich bezweifle, dass diese Einschätzung jemals wirklich gestimmt hat). Heute funktioniert die Welt definitiv anders. Wir müssen ein Leben lang unsere Fähigkeiten entwickeln, Neues erlernen und uns auf immer neue Umstände einstellen. Das liegt an komplexen Prozessen, wie etwa den Innovationen in Sachen künstlicher Intelligenz oder einer steigenden Lebenserwartung. KI wird manche Tätigkeiten übernehmen, die vorher noch nach menschlichen Fähigkeiten verlangten, und unsere höhere Lebenserwartung gibt Zeit, uns im Laufe unseres Lebens mehrmals neu aufzustellen – wir müssen also die Balance finden zwischen einem erwartbar langen Leben und einem möglichen jähen Tod, wie in Kapitel 1 beschrieben. Auch die Globalisierung tut ihr Übriges: Wo wir gestern noch in den Wettbewerb mit Gleichaltrigen aus unserem näheren Umfeld getreten sind, stehen wir heute Arbeitssuchenden aus der ganzen Welt gegenüber. Mit welchen Fähigkeiten kann man sich da noch abheben?

Ohne hier Panik verbreiten zu wollen: Es gibt ein paar Fragen, auf die wir alle individuell eine Antwort finden müssen. Unter ihnen sind die drei Fragen dieses Kapitels: Was will ich lernen? Wie kann ich am besten arbeiten? Und ganz wichtig: Wann kann ich mit meinen Leistungen zufrieden sein?

Beginnen wir mit der ersten Frage.


## Frage 1
## Was will ich lernen?


Wenn man über die Frage «Was will ich lernen» genauer nachdenkt, bemerkt man erst ihre Vielschichtigkeit. Die beiden prominentesten Facetten sind die Unterscheidung zwischen 1) Was ist in der heutigen Welt und meiner direkten Umgebung *sinnvoll* zu lernen?, und 2) Was *möchte ich* denn wirklich lernen?

Zum ersten Aspekt lässt sich zunächst einmal sagen, dass

die Palette an Fähigkeiten, die wir in unserer Zeit brauchen, stetig breiter wird. Während vor einigen Jahren noch Expertise in einem Bereich ausreichte, kommt man heute nicht mehr ohne Kompetenzen aus, die sich über verschiedene Fachgebiete erstrecken. In einem Interview erzählte der Gründer von Wordpress, einem der am weitesten verbreiteten Systeme zum Betrieb von Webseiten, dass eine der wichtigsten Fähigkeiten seiner Programmierer sei, gut kommunizieren zu können. Gute Kommunikationsfähigkeiten – nicht gerade etwas, das man von einem Computernerd erwarten würde, oder? Und doch wird genau das in der Zusammenarbeit von Teams, die teilweise noch nicht einmal am selben Ort sitzen, zu einer Art Superpower. Dasselbe gilt für emotionale Kompetenzen, die insbesondere Führungskräfte heutzutage mitbringen müssen. Noch besitzen künstliche Intelligenzen diese Kompetenzen nicht im gleichen Maße wie wir Menschen. Noch sind dies genau die Fähigkeiten, die wir ausbauen sollten.

Unzählige Artikel wurden bereits über die «Skills der Zukunft» geschrieben. In vielen von ihnen tauchen in erster Linie Fähigkeiten wie kritisches Denken, Kreativität, Anpassungsfähigkeit und Kollaborationsfähigkeit auf.

Bedeutet das, dass du jetzt nur noch übertragbare «Softskills» erlernen solltest und alles andere den Nerds und Computersystemen überlassen kannst? Nicht unbedingt. Wie bereits angedeutet, ist es vermutlich am Ende eine Mischung aus Generalismus und Expertise, die von den jüngeren Generationen gefordert sein wird.

Recruiter sprechen deswegen immer häufiger von «T-Profilen». Das heißt, dass sich Kompetenzen wie auf einem T abbilden lassen: Breite Fähigkeiten füllen den oberen Balken, und eine tiefergehende Expertise in einem bestimmten Feld lässt sich auf dem vertikalen Strich des Buchstabens verorten.

Für eine Bewerbung habe ich vor einigen Jahren ein «T-Profil» ausgefüllt. Es sah damals in etwa so aus:

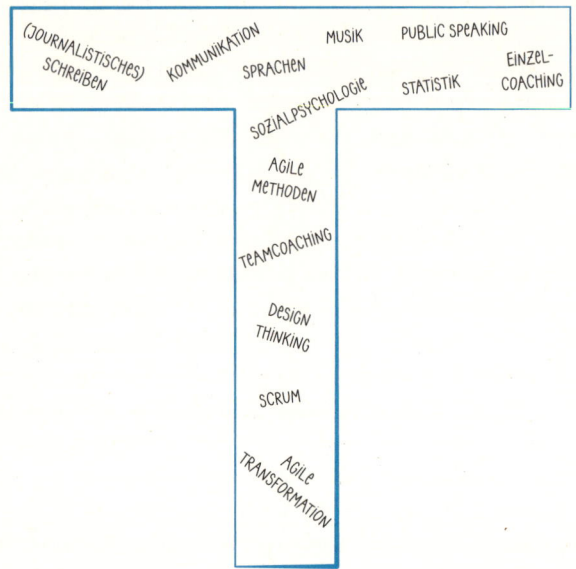

Aber wer sagt dir, wie breit dein Balken und wie lang dein vertikaler Strich sein soll? Oder anders formuliert: Wann hast du dich breit genug aufgestellt, wann genug tiefergehende Expertise erworben? Und welche Kompetenzen solltest du idealerweise erlernen, um dein T zu füllen? Das beantwortet dir das T-Profil leider nicht.

Du musst selbst herausfinden, was du lernen willst.

Hier kommt der Aspekt des Wollens ins Spiel: Was *willst* du denn wirklich lernen?

Ich erinnere mich an ein Gespräch, das ich vor einigen Jahren mit Ben geführt habe. Damals war ich gerade in die Organisationsberatung eingestiegen und noch auf der Suche nach meinem Platz in der neuen Firma. Ben und ich gingen spazieren, und er fragte mich: «Was kann sonst kaum jemand in deiner Firma, was würde deiner Firma aber weiterhelfen?» Nach kurzem Überlegen antwortete ich: «Makros in Excel.» – «Dann ist Excel etwas, das du richtig gut lernen solltest.» Wenn Ben und ich heute an das Gespräch zurückdenken, müssen wir lachen. Und zwar, weil auf seinen gutgemeinten Tipp eine ausschweifende Tirade von mir folgte, dass das Rechenprogramm Excel nicht gerade das war, womit ich meine Zeit verbringen wollte. Nicht dass ich es nicht lernen könnte, es machte mir schlicht keinen Spaß. Und mein Gedanke war: Wenn man Dinge lernt, die zwar in der heutigen Zeit nützlich sind, einem aber keinen Spaß machen, baut man sich dann nicht ein Leben auf, das zwar nützlich, aber freudlos ist?

Im besten Fall lernst du also Dinge, die beides erfüllen, die nützlich sind und Spaß machen. Das kannst du dir in etwa wie auf dieser Matrix vorstellen:

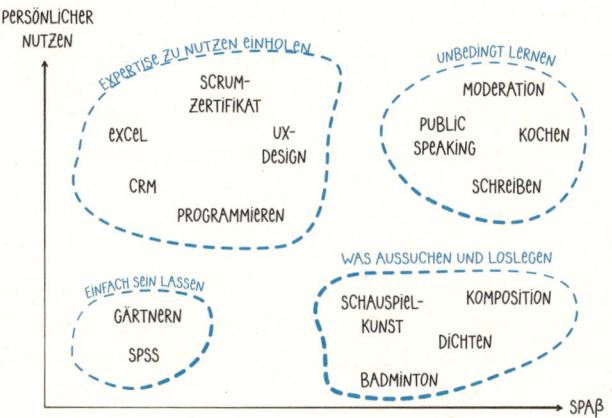

Bei der Einordnung der Fähigkeiten auf dieser Matrix gibt es verschiedene Herausforderungen: Zum einen ist es schwierig, die Zukunft vorherzusehen. Du kennst weder die externen Entwicklungen, die bestimmen, welche Fähigkeiten in Zukunft gebraucht werden, noch die Entwicklung deiner eigenen Präferenzen. Schließlich kann es sein, dass das Erlernen einer gewissen Sache mühsam ist, dir aber die Ausführung Spaß machen würde, beispielsweise beim Erlernen einer Sprache oder eines Instruments. Herausfinden kannst du das allerdings nur, indem du dich hinsetzt und die Fähigkeit erlernst. Deine Psyche spielt hier auch eine entscheidende Rolle: Glaubt man dem Harvard-Psychologen Daniel Gilbert, sind Menschen unglaublich schlecht darin, ihre eigenen Emotionen vorherzusagen. Sie überschätzen konsequent, sowohl wie schlecht als auch wie gut sie sich zukünftig fühlen werden. Der Zahnarztbesuch wird schrecklich? Da vergisst du das nette Praxispersonal und die kostenlose Zahnbürste, die dir geschenkt wird. Das Tattoo wird dich für immer glücklich machen? Das dachte deine Nachbarin bestimmt auch, als sie sich das Tattoo stechen ließ, das sie jetzt aufwendig weglasern lassen musste. Wir Menschen sind nicht sehr gut darin, einzuschätzen, was uns langfristig gefallen wird. Woher sollst du also wissen, ob dich eine gewisse Fähigkeit auch in Zukunft so sehr beglücken wird, wie du es erwartest?

Und damit nicht genug: In der Frage «Was willst du wirklich lernen?» steckt das Wörtchen «du». Aber auch hier stehen wir vor dem altbekannten Problem, auseinanderzuhalten, was *du* willst und was dein soziales Umfeld für dich will (dazu und zu der Frage «Welche Ansprüche dürfen andere an mich stellen?» mehr in Kapitel 6).

Also: Alles nicht ganz so einfach. Aber: Die Mosaik-Methode kann helfen. Fangen wir mit einer Übung an, mit der du deiner individuellen Antwort auf die Frage vielleicht näher kommst.

 ÜBUNG

**Was sollte ich lernen, um mein Wunsch-Mosaik zu erreichen?**

Denken wir zurück an die beiden Mosaike, die du im letzten Kapitel gezeichnet hast. Das eine war das Status-quo-Mosaik (also die Repräsentation deines derzeitigen Lebens) und das andere dein Wunsch-Mosaik. Schau dir das Wunsch-Mosaik an und stell dir die Frage, welche Fähigkeiten du erlernen solltest, um vom Status-quo-Mosaik zum Wunsch-Mosaik zu gelangen. Insbesondere wenn dein Wunsch-Mosaik nicht binnen eines Monats, sondern vielleicht eher in ein, zwei Jahren erreichbar ist, kann das eine erhebliche Anzahl von Fähigkeiten sein.

Nehmen wir Anna aus Kapitel 4 als Beispiel. Sie möchte kreativer werden und hat mit ihren Mikro-Erfahrungen bereits ein paar Schritte in Richtung Fotografie gemacht. Um hier allerdings richtig durchzustarten, entscheidet sich Anna, einen Kurs über Fotobearbeitung zu belegen. Da sie sich auch vorstellen kann, ihre Bilder später kommerziell zu vertreiben und sich damit ein zweites finanzielles Standbein aufzubauen, macht sie ebenfalls einen Kurs, in dem sie die Grundlagen von Buchhaltung und Marketing lernt. Letzteres ist kein Kurs, auf den Anna sich schrecklich freut, aber mit Blick auf ihr Wunsch-Mosaik weiß sie ganz genau, wofür sie diese Fähigkeiten brauchen wird – die Weiterbildung ergibt für sie plötzlich einen Sinn, den sie zuvor nicht gesehen hat.

Auch du kannst auf diese Weise deine Lerninhalte bestimmen. Damit stellst du sicher, die Dinge zu lernen, die dir wirklich wichtig sind – und nicht diejenigen, die andere Menschen dir vorschlagen oder gar vorschreiben.

## Frage 2
## Wie kann ich am besten arbeiten?

Auch diese Fragen haben sich in der Vergangenheit nur wenige Leute gestellt. Das liegt nicht daran, dass unsere Vorgängergenerationen nicht möglichst gut und produktiv arbeiten wollten. Eher lag es daran, dass die Frage irrelevant war, da man ohnehin weniger Gestaltungsspielraum bei der Arbeit hatte. Die Bedingungen für das Arbeiten waren klar gesteckt: Man wusste genau, wann die eigene Schicht begann und endete und was man während dieser Zeit zu tun hatte. Es wurde für einen entschieden, wie man am besten zu arbeiten hatte. Und so wurde es dann gemacht. Ende der Geschichte.

In vielen Berufen haben sich die Bedingungen gewandelt. Heute wissen wir noch nicht einmal, was Arbeit überhaupt ist. Immer wieder kommt die Frage auf, ob sich Arbeit und Freizeit denn eigentlich noch trennen lassen. Wo fängt das eine an, und wo hört das andere auf? Kann man das eine nur basierend auf dem anderen definieren? Also nach dem Motto: Arbeit ist alles, was nicht Freizeit ist, und umgekehrt? Und was ist denn dann Freizeit? Wörtlich genommen ist Freizeit ja «freie Zeit». Bedeutet das dann, dass Arbeit «unfreie Zeit» ist?

Vermutlich würden das viele junge Leute verneinen. Die jüngeren Generationen genießen mehr Freiheiten in ihrem Arbeitsleben als ihre Vorgänger. Aber eine Sache ist gleich geblieben: Bei der Arbeit soll am Ende etwas herauskommen – ein Ziel erreicht werden oder ein (finanzieller) Wert geschaffen worden sein. Nur wie wir dieses Ergebnis genau erbringen, darin sind wir heute freier denn je. Zum ersten Mal seit Generationen müssen wir uns also in dieser Intensität die Frage stellen: Wie kann ich am besten arbeiten?

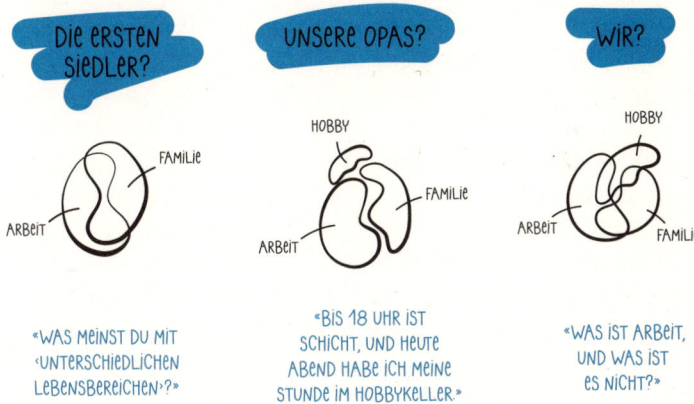

DIE ERSTEN SIEDLER?

«WAS MEINST DU MIT ‹UNTERSCHIEDLICHEN LEBENSBEREICHEN›?»

UNSERE OPAS?

«BIS 18 UHR IST SCHICHT, UND HEUTE ABEND HABE ICH MEINE STUNDE IM HOBBYKELLER.»

WIR?

«WAS IST ARBEIT, UND WAS IST ES NICHT?»

Dass wir nun selbst die Verantwortung für die Gestaltung unserer Arbeit tragen, ist per se positiv. Jeder Mensch funktioniert unterschiedlich und kann unter ganz individuellen Bedingungen seine Bestleistung erbringen. Das kann keine vorgesetzte Person pauschal für alle Angestellten entscheiden.

Trotzdem gibt es natürlich unzählige Management-Ratgeber, die sich mit der Frage «Wie arbeitet man am besten?» auf einer kollektiven Organisations- und Kulturebene beschäftigen. Das ist auch äußerst wichtig. Die Organisationskultur und -struktur sind immerhin das, was jedes Individuum innerhalb einer Organisation umgibt. Doch auch die Erforschung der individuellen Ebene hat einiges zu bieten: zum Beispiel beim Thema der Auswirkung von Ruhephasen (Freizeit) auf Produktivitätsphasen (Arbeit). Leslie Perlow von der Harvard Business School und ihr Team zeigen hier, dass Phasen des richtigen Abschaltens zu mehr Produktivität und Zufriedenheit führen können (als hätten wir das nicht schon längst gewusst). Und der Psychologe K. Anders Ericsson fand heraus, dass selbst Highperformer in Musik, Literatur und Sport nicht mehr als vier Stunden am Tag hochkonzentriert an der Belastungsgrenze arbeiten können. Das bedeutet allerdings nicht, dass wir unseren Acht-Stunden-Tag automatisch auf vier Stunden verkürzen sollten. Es heißt aber sehr wohl, dass wir uns Gedanken machen sollten, was wir wann in unserer Arbeitszeit von uns selbst erwarten können. Wo sind in meinem Tag die vier Stunden zu finden, die ich konzentriert arbeiten kann (und sind es bei mir wirklich vier Stunden)? Es liegt in unserer Verantwortung, diese Stunden der Konzentration zu identifizieren und freizuhalten. Ein Konzept, das dabei nützlich sein kann, ist Cal Newports Unterscheidung zwischen «Deep Work» und «Shallow Work». Der Begriff *Deep Work* bezeichnet hierbei die Phasen der Arbeit, in denen ich ungestört und konzentriert an einer einzigen kognitiv fordernden Sache arbeite. *Shallow Work* hingegen ist nach Newport die Abarbeitung kleinerer, nichtkognitiver, logistischer Aufgaben, die in einem Zustand der Ablenkung erledigt werden. Dabei ist es keineswegs so, dass besser bezahlte Jobs aus mehr *Deep Work* bestehen. Je nach Zielsetzung eines bestimmten Jobs ist eine andere Mischung aus *Deep* und *Shallow Work* nötig. Kunstschaffende haben oft ein hohes Maß an *Deep Work* in ihrem Arbeitsalltag, während Führungskräfte einen größeren Anteil von *Shallow Work* erledigen müssen. Die Frage ist also: Entspricht deine derzeitige Aufteilung von *Deep* und *Shallow Work* dem Idealzustand, den du für deine Arbeit brauchst?

Ohne deinen Job zu kennen, denke ich: nein. Hinter meiner Vermutung steckt ein echtes Arbeitsphänomen der Gegenwart: Ohne dass wir uns bewusst dafür entschieden hätten, erleben wir zurzeit in vielen Bereichen ein Höchstniveau an *Shallow Work*. Das liegt schlicht an veränderten Erwartungen, die mit der Digitalisierung einhergehen. Wenn Menschen mit einem Smartphone und und einem E-Mail-Postfach ausgestattet sind, wird von ihnen erwartet, dass sie diese Technologien auch benutzen – und zwar ständig. Wir sollen möglichst immer erreichbar sein. Das macht die Sache mit dem mehrstündigen konzentrierten Arbeiten natürlich schwieriger. Gleiches gilt für die Erholungsphasen. Denn was passiert, wenn deine Chefin dich auf deiner abendlichen Radtour anruft? Drückst du sie dann wirklich weg? Allein das Handyklingeln oder der kurze Blick auf eine Nachricht kann uns aus der Konzentration oder der Entspannung reißen. Laut der Informatikprofessorin Gloria Mark, die Mensch-Maschine-Interaktionen an der University of California Irvine erforscht, braucht unser Gehirn im Schnitt rund 25 Minuten, um nach einer Unterbrechung wie dem Lesen einer WhatsApp-Nachricht wieder in den vorherigen (Arbeits-)Modus zurückzukommen. Was macht ständige Erreichbarkeit mit dir? Wirkt sie sich unterm Strich eher positiv oder negativ auf dich aus? Egal wie deine Antwort ausfällt – die richtige Mischung ist wichtig. Und zwar die ganz individuelle Mischung von *Deep Work* und *Shallow Work*, von Abkopplung und Erreichbarkeit und vermutlich von noch einigen anderen Gegensatzpaaren, die dir beim Nachdenken über deine Arbeit einfallen.

Mal wieder befindest du dich also in einem Spannungsfeld, das es in früheren Generationen noch nicht in diesem Maße gab. Und du trägst die Verantwortung, dich selbst darin zu positionieren. Du hast die Aufgabe, deinen eigenen, passenden Rhythmus zu finden, um bestmöglich arbeiten zu können.

Hier ist eine Mosaikübung für dich, mit der du deinen derzeitigen Arbeitsrhythmus reflektieren und eventuell verändernde Maßnahmen ergreifen kannst.

 ÜBUNG

**Wie kann ich am besten arbeiten?**

Zeichne ein neues Mosaik: Diesmal ist es ein Mosaik, das deine Arbeitstätigkeiten abbilden soll. Also bei mir zum Beispiel «Textarbeit», «Inspiration», «E-Mails» und so weiter. Du kannst den Begriff «Arbeit» aber auch gern ausweiten und Phasen der Entspannung in dein Mosaik aufnehmen (also zum Beispiel: «Mittagspause», «Feierabend», «Wochenende» und so weiter). Gibt es Mosaiksteine, die andere Steine zu sehr bedrängen oder gar überlappen? Welche sind das? Mal wieder gibt es hier kein richtig oder falsch. Du solltest einfach ein Bauchgefühl für deinen Arbeitsmodus bekommen.

Welches Mosaik würdest du dir für deine Arbeit wünschen? Zeichne auch dieses Wunsch-Mosaik wie in der Beispielillustration.

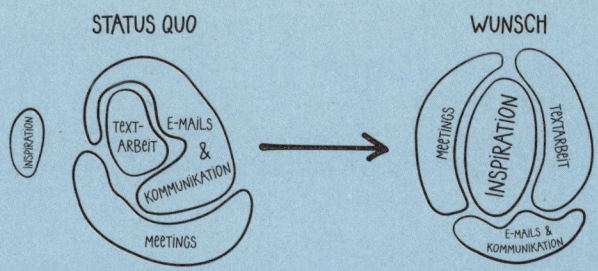

STATUS QUO → WUNSCH

Und dann kannst du dir natürlich die berühmte Frage stellen: Wie kommst du von dem Status-quo-Arbeitsmosaik zum gewünschten Arbeitsmosaik? Welche Bedingungen kannst du dir schaffen, um besser arbeiten zu können? Erneut werden wir mit Mikro-Erfahrungen ausloten, wie sich Veränderungen für dich anfühlen.

Hier ein paar Inspirationen für Mikro-Erfahrungen, die mir persönlich beim Schreiben dieses Buches geholfen haben:

- Schaffe dir Rituale, die das Ende einer bestimmten Tätigkeit symbolisieren (Kaffee machen, Kopfhörer auf- oder absetzen, einen Shutdown-Spruch sagen wie z.B. «Ich bin für heute fertig»).
- Setze dir feste Termine, an denen du Feedback einholst – egal, in welchem Zustand sich deine Arbeit dann befindet.
- Blocke dir feste Zeiten für konzentrierte Arbeit in deinem Kalender und halte dich daran.
- Stelle alle Benachrichtigungen für E-Mail und Messenger aus und logge dich nur zu festgelegten Tageszeiten ein, um zu antworten.

- Markiere den Beginn einer neuen Arbeitsphase auch körperlich: entweder mit einer vorherigen Pause oder gar einem Ortswechsel.
- Entscheide dich bewusst: Für welche Tätigkeiten ist ein Treffen vor Ort besser, für welche Tätigkeiten ein Remote-Setting?

Nach einem festgelegten Zeitraum (z. B. nach zwei Wochen) kannst du reflektieren, ob deine Mikro-Erfahrungen wirklich zu einer Veränderung in deinem Arbeitsmosaik geführt haben, und du kannst dir neue Mikro-Erfahrungen ausdenken.

## Frage 3
## Wann kann ich mit meinen Leistungen zufrieden sein?

Jüngeren Generationen wurden einige Spitznamen verpasst. Von «Generation Me» über «Generation Instagram» bis hin zu «Generation Praktikum». Vielleicht darf ich noch ein paar mit in den Hut werfen. Wie wäre es mit «Generation Unsicher»? Oder mit «Generation Hochstapler-Syndrom»?

Falls du dich fragst, was Letzteres sein soll, wirf mal einen Blick in den Kasten – vielleicht erkennst du dich ja selbst wieder.

**Hochstapler-Syndrom** *(Imposter Syndrome)*

Die Unfähigkeit, eigene Leistungen und Fähigkeiten als solche anzuerkennen, und das daraus resultierende Gefühl, sich alle Erfolge nur erschlichen oder zu Unrecht zugewiesen bekommen zu haben.

Die beiden Fragen, die wir bislang in diesem Kapitel besprochen haben (Was will ich lernen? Wie kann ich am besten arbeiten?), führen nahtlos zu dieser dritten Frage: Wann kann ich denn um alles in der Welt endlich zufrieden mit mir und meiner Leistung sein? Wann habe ich genug gelernt? Wann habe ich das meiste aus mir und meinem Arbeitsrhythmus herausgeholt?

Klingt nach Selbstoptimierung? Kein Wunder – vor allem die jüngeren Generationen scheinen durch Social Media und digitale Tools einer ständigen Vergleichbarkeit ausgesetzt. Eine steigende Rate an Abschlüssen und Bestnoten in Schulen und Universitäten, sowie eine wachsende Internationalisierung erhöhen die Zahl an gleichaltrigen Wettbewerbern. Dabei ist das Vergleichen selbst in vielen Bereichen schwieriger geworden: Ergebnisse unserer Arbeit sind oftmals nicht mehr objektiv messbar. Unsere Arbeit geht oft nicht einmal mehr in einem materiellen Produkt auf. Wie soll man da einen objektiven Vergleich zwischen den Leistungen verschiedener Menschen ziehen?

Eine Freundin von mir ist eine absolute Überfliegerin: 1er-Abi, unzählige Stipendien, Abschlüsse von Topuniversitäten, Karriere in einer großen Managementberatung. Diese Freundin meinte neulich zu mir, dass sie noch immer manchmal das Gefühl hat, sich selbst beweisen zu müssen, dass sie etwas draufhat. Darum arbeitet sie teilweise bis tief in die Nacht, nimmt Aufgaben und Jobs an, die beeindruckend klingen – und fragt sich ab und zu, ob sie nicht etwas ganz anderes machen sollte. Wie kann es sein, dass ein solcher Mensch noch immer seine Leistungen hinterfragt?

Vielleicht liegen ihre Zweifel an einer Art Urangst der jüngeren Generationen: Für sie ist die Frage, ob es ihnen einmal besser gehen wird als ihren Eltern, nicht so leicht zu beantworten wie für die Generationen vor ihnen. Den Babyboomern ging es beispielsweise materiell in vielen Fällen recht gut, in der Regel besser als ihren Eltern. Können die jüngeren Generationen wirklich auf ein ähnlich wachsendes Wohlstandsniveau hoffen, auch wenn die künstliche Intelligenz ihnen vielleicht bald die Jobs streitig macht?

Okay, jetzt habe ich das Bild vielleicht etwas überzeichnet. Aber du weißt, worauf ich hinauswill: Wir tragen eine ständige Unsicherheit in uns. Die Frage der «Generation Unsicherheit» ist: Wann können wir in der heutigen Zeit mal sagen: «So das war's, jetzt bin ich zufrieden mit dem, was ich weiß, leiste, habe und bin»?

Aber drehen wir die Sache mal ins Positive: Ist das Gefühl, nie ausgelernt zu haben, dass noch Luft nach oben ist, nicht auch sehr motivierend? Pusht es uns nicht dazu, unser Potenzial wirklich auszuschöpfen?

Mir fällt es schwer, darauf eine eindeutige Antwort zu geben. Das Gefühl, nie gut genug zu sein, lässt viele Menschen zwar immer weiter lernen und arbeiten, aber es nimmt ihnen auch einen Teil ihres Selbstvertrauens – und das lässt sie ihr Potenzial eben *nicht* ausschöpfen. Wenn du dich ständig fragst, ob du gut genug bist, ist ein Teil deines Gehirns so sehr mit dieser Frage beschäftigt, dass du nicht mehr optimal denken kannst und dich auch nicht traust, neuen Ideen nachzugehen, die dich vielleicht weitergebracht hätten. Du läufst eher Gefahr, ausgetretenen Pfaden zu folgen und in die Masterplan-Falle zu tappen. Denn mit dem gehst du zumindest auf Nummer sicher. Glücklicher macht dich das Ganze vermutlich nicht – ein nicht zu vernachlässigender Faktor, besonders im Hinblick auf unsere begrenzte Zeit in diesem Leben.

Was kannst du also tun, wenn du in einer solchen Klemme steckst?

Einer der besten Tipps, den ich vermutlich geben kann, ist dieser hier: Trau dich, auf die Nase zu fallen.

Klingt banal, steckt aber was dahinter. Versprochen.

Wir können über unsere eigenen Leistungen auf zwei Arten nachdenken. Entweder auf eine Weise, die besagt: «Meine Leistungen zeigen mein Potenzial, und dieses Potenzial bleibt immer gleich.» Oder aber: «Meine Leistungen zeigen die Qualität meiner Arbeit, jedoch nicht mein Potenzial – das kann ich in Zukunft noch ausweiten.» Die Psychologin Carol Dweck hat diese unterschiedlichen Einstellungen *Fixed Mindset* und *Growth Mindset* genannt.

Problematisch in Bezug auf die Zufriedenheit mit unseren Leistungen wird ein *Fixed Mindset* dann, wenn wir jedes Ergebnis, das wir erzielen, automatisch als Messung unseres eigenen Potenzials ansehen. Also: Wenn du in einem Meeting deiner Chefin eine neue Idee vorstellst und sie nicht begeistert ist, prüfe für dich: Nimmst du das als Feedback auf deine Idee oder als Feedback auf dein Potenzial, dein Können oder deine Intelligenz? Wenn du die Ergebnisse deiner Arbeit als Aussage über deine generellen Fähigkeiten siehst, wirst du das nächste Mal vermutlich keine neue Idee mehr vorstellen. Schließlich willst du ja nicht noch einmal deine Unfähigkeit demonstrieren.

Wenn du aber für dich festhältst, dass die Idee eben nur das ist – eine Idee –, kannst du sagen: «Das war wohl noch nicht vollständig durchdacht. Da lerne ich jetzt draus. Die nächste Idee wird besser!»

Wir können sogar noch einen Schritt weiter gehen: Was wäre, wenn du die letztere Version so verinnerlichst, dass du gar nicht mehr versuchst, deiner Chefin eine Idee vorzustellen, von der sie begeistert sein wird? Was wäre, wenn du versuchst, deiner Chefin eine Idee vorzustellen, die ganz gut, aber noch nicht gut genug ist? Wenn genau diese Imperfektion das ist, worauf du aus bist?

Die Innovationsbranche hat genau dieses Prinzip als Standardprozess etabliert. Man nennt das Ganze *«failing forward»*, und es gibt Sprüche wie: «Wenn dir dein erster Prototyp nicht peinlich ist, hast du ihn zu spät getestet.» Der Vorteil dieser Methode: Man kann früh herausfinden, welche Idee etwas taugt und welche nicht. Dahinter verbirgt sich die Überzeugung, dass wir besser werden können – immer besser und besser. Allerdings nicht, indem wir jede Idee perfekt ausarbeiten, sondern schlicht durch kleine Verbesserungen bei jeder neuen Ausarbeitung. Auf das Individuum übertragen, heißt das: Mein Ziel ist es nicht, Dinge perfekt zu machen, sondern nur, Dinge ein kleines bisschen besser zu machen als letztes Mal.

Wenn du dich erinnerst: Genau das ist der Grundgedanke der Mikro-Erfahrungen der Mosaik-Methode. Wir probieren Dinge aus, ohne zu erwarten, dass sie unmittelbar zum Erfolg führen. Wir wollen einfach nur sehen, was passiert, wenn wir etwas Neues ausprobieren – und diesen Prozess beim nächsten Mal gegebenenfalls verbessern.

Dieses Denkmuster macht Schluss mit dem Perfektionismus und vor allem mit der Erwartung, dass unsere Ergebnisse irgendetwas über unser wirkliches Potenzial aussagen würden.

Wenn wir uns von dieser Vorstellung frei machen, können wir uns also trauen, auf die Nase zu fallen und immer wieder neue Dinge auszuprobieren, ohne Gefahr zu laufen, unser Selbstbewusstsein dabei einzubüßen. Denn schließlich haben wir ja gar nicht versucht, die perfekte Idee abzuliefern.

Heißt das nun, wir sollten aufhören, uns anzustrengen? Nein, das meine ich damit natürlich nicht. Wir wollen noch immer etwas Gutes aus uns selbst herausholen. Aber um das effektiv und gesund tun zu können, sollten wir aufhören, in jeder Kleinigkeit nach dem Maximum zu streben. Denn nur durch Erfahrungen, die uns immer wieder auf die Nase fallen lassen, können wir herausfinden, worin wir wirklich am besten werden können. Gehen wir dieses Risiko nicht ein und setzen wir uns von Anfang an unter Druck, ein perfektes Ergebnis abzuliefern, laufen wir unter Umständen zu lange in die falsche Richtung, ohne es zu bemerken.

Voraussetzung für die Zufriedenheit mit den eigenen Leistungen ist also, nicht zu erwarten, dass wir alles perfekt machen – sondern nur, dass wir in der Lage sind, den nächsten Schritt zu wagen. Und wenn dieser nächste Schritt schiefgeht, dann brauchen wir genug Selbstmitgefühl, um es noch mal zu versuchen. Wir dürfen uns nicht für den Fehler fertigmachen, sondern sollten uns stattdessen erlauben, aus unseren Fehlern zu lernen.

## Selbstmitgefühl

Laut der amerikanischen Psychologieprofessorin Kristin Neff setzt sich Selbstmitgefühl aus drei Bestandteilen zusammen: Achtsamkeit, die ehrliche Anerkennung des eigenen Befindens, geteilte Menschlichkeit, wir erkennen

die Situation anderer an, ohne das eigene Leiden zu ver-
leugnen, und Freundlichkeit im Umgang mit uns selbst, wir
begegnen uns selbst wie einem Freund.

Die Antwort auf die Frage nach der Zufriedenheit liegt also in
der Imperfektion: Dinge nicht perfekt zu machen, nimmt den
Druck. Wenn wir nicht auf Perfektion zielen, ist das Feedback
keine ultimative Aussage über die eigenen Fähigkeiten, sondern nur eine Aussage über das Ergebnis des einzelnen Schritts,
den wir gerade gegangen sind (und der ist gewollt imperfekt).

Ich will ehrlich mit euch sein: Für mich selbst war das Ablegen des Drangs nach Perfektion alles andere als leicht. Ich bin
ein Kind der Leistungsgesellschaft. In jungen Jahren war ich
eine absolute Perfektionistin. Ich liebte es, stundenlang meine Feinschrift zu üben. Ich wollte ein Zeugnis, auf dem eine
wunderbare Symmetrie aus lauter Einsen abgedruckt war. Ich
las meine Bachelorarbeit bestimmt an die hundert Mal, ehe ich
sie einreichte. Einmal sagte meine Grundschullehrerin zu mir,
dass es okay sei, in der Schule auch mal zu lachen – so ernst
hatte ich den Unterricht bereits in der dritten Klasse genommen. Wie es dazu kam, dass ich mich veränderte, kann ich gar
nicht so genau sagen. Ich könnte hier jetzt schreiben, dass es
die Konfrontation mit meiner eigenen Sterblichkeit war oder
meine Arbeit im Innovationsbereich oder auch schlicht das Er-
wachsenwerden. Vielleicht war es auch einfach auf Dauer zu
belastend, immer perfekt sein zu wollen. Vermutlich war es
eine Mischung aus alldem. Unterm Strich lernte ich aber, net-
ter zu mir selbst zu sein, Feedback nicht auf meine inhärenten
Qualitäten zu beziehen und einfach mal Dinge auszuprobieren.
Ich lernte, mich zu trauen, auf die Nase zu fallen.

Natürlich muss ich, um das tun zu können, zwei Dinge wissen: erstens, dass mein Scheitern nicht auf mangelnde Intelligenz meinerseits zurückzuführen ist und dass, zweitens, die Menschen um mich herum das auch nicht so interpretieren. Ich muss also ein *Growth Mindset* bei mir und bei meinem sozialen Umfeld voraussetzen. Deine eigene Einstellung liegt in deiner Hand – die Einstellung der anderen kannst du durch Ausprobieren herausfinden oder sie schlichtweg erbitten, nach dem Motto: «Das hier ist nur eine grobe Idee, und ich zeige sie euch mit Absicht in einem unperfekten Zustand.»

Hier also eine Übung für mehr Zufriedenheit trotz – oder gerade wegen – der eigenen Imperfektion:

 **ÜBUNG**

**Wann kann ich zufrieden sein? –
Die Anti-Perfektionismus-Challenge**

Fordere dich selbst heraus und plane zum Umbau deines Lebens-Mosaiks eine Mikro-Erfahrung, vor der du normalerweise zurückschrecken würdest. Probiere vielleicht eine ganz neue Sportart aus oder stelle in der Arbeit eine Idee vor, die gewagt ist. Schaffst du es, offen und ohne Perfektionismus an die Erfahrung heranzugehen? Kannst du im Anschluss zufrieden mit dir sein, obwohl du vielleicht nicht gerade eine Glanzleistung abgelegt hast? Haben dich deine Leistung und die Reaktion der anderen vielleicht sogar positiv überrascht?

# KAPITEL 6

# Wo gehöre ich dazu?
# Beziehungen in unserer Zeit

Wen möchte ich in meinem Leben haben?
Sind lebenslange Beziehungen überhaupt noch möglich?
Welche Ansprüche dürfen andere an mich stellen –
und welche ich an sie?

«Macht man das heute noch?»

Das war die Reaktion meiner Tante, als ich ihr erzählte, dass Ben und ich heiraten wollten. Wir saßen bei einer Familienfeier am Tisch, und sie starrte mich unverhohlen verdutzt, fast schockiert an. Als ich meine Empörung über ihre fehlende Freude überwunden hatte, konnte ich natürlich nur eingestehen: gute Frage. *Wir* machen das. Aber *man*? Warum sollte man heute überhaupt noch heiraten? Ist das nicht ein Konzept, das längst überholt ist? Etwas, das unsere Elterngeneration gemacht hat und das oft gründlich in die Hose gegangen ist? Ein unnötiger Aufwand, den man für eine Partnerschaft heutzutage nicht mehr braucht? Immerhin wird mittlerweile etwa jede dritte Ehe geschieden.

«Generation Scheidungskind» – noch so ein Namensanwärter für uns Jüngere. Die Frage «heiraten oder nicht heiraten» stellt sich erst seit kurzer Zeit wirklich, für ältere Generationen gehörte dieser Standard einfach zu ihrem Lebensmodell. Doch in der VUKA-Welt gibt es noch viele andere Dilemmas, die die Frage nach Sinn und Unsinn der Heirat vergleichsweise banal erscheinen lassen: Welche Arten von Liebesbeziehungen will ich führen? Wie balanciere ich meinen Drang nach persönlicher Freiheit mit meinem Bedürfnis nach festen sozialen Kontakten? Was ist wirkliche Freundschaft? Was bedeutet Familie für mich? Wie sehr dürfen andere Menschen über meine Zeit verfügen? Wie sehr soll ich mich um mich selbst kümmern, wie sehr um andere?

Auf all diese Fragen gibt es heute keine einfachen Antworten mehr. Überall könnte man hinterfragen: «Macht man das überhaupt noch so?» – genau, wie meine Tante es bei mir getan hat.

Soziale Beziehungen und die Regeln, nach denen sie funktionieren, haben sich in den letzten Jahren geändert. Man könnte unsere Welt als multioptional bezeichnen. Wir haben die Wahl: Monogamie, Polygamie, offene Beziehung, serielle Monogamie, Ehe, Ko-Parenting, Friends-with-Benefits und so weiter und so fort. Doch nicht nur bei Partnerschaftsbeziehungen bietet sich eine wachsende Palette an Optionen. Wir können ständig neue Menschen kennenlernen: zu Hause, auf Reisen in anderen Ländern, auf sozialen Plattformen und in Dating Apps. All diese Menschen kommen für neue soziale Beziehungen in Frage. Manchmal habe ich das Gefühl, dass ich die Menschen in meinem Freundeskreis wie in einem Stickeralbum verschiedenen Lebensphasen zuordnen könnte: die Leute aus der Schule, die aus meinem Auslandsjahr, die aus meinem Bachelor, die aus meinem Master, die von meinen Reisen, die aus meinen Praktika, die aus meinen Jobs. Manche dieser Freundschaften könnte man als «inaktiv» beschreiben: Es besteht schon lange kaum Kontakt mehr, aber man könnte sie jederzeit wiederbeleben. Habe ich jemals die bewusste Entscheidung getroffen, diese Freundschaften auf Stand-by zu schalten? Und geht das mit dem Wiederbeleben überhaupt?

Wir leben nicht nur in einer multioptionalen Welt, sondern auch in einer hypersozialen Welt. Als hätte jemand die Komplexität unserer sozialen Beziehungen hochgeschraubt. Wir sind den Menschen in unserem Leben zugleich näher und ferner: Digitale Technologien machen es möglich, Freundschaften mit Menschen aufrechtzuerhalten, die weit entfernt sind. Wo unsere Eltern noch Briefe schicken mussten, die teilweise Wochen unterwegs waren, können wir heute über Videoanrufe zusammen Geburtstag feiern. Außerdem ist es leichter, mit Menschen Kontakt zu halten, die wir nur peripher kennengelernt haben. Eine kurze Nachricht lässt sich schnell schreiben, um Kontakt zu halten. Ein Anruf, Brief oder Treffen, wie es früher nötig gewesen wäre, bedeutet deutlich mehr Aufwand. Da denkt man zweimal drüber nach. Die Simplizität der Kommunikation macht es ohne Frage einfacher, mit den Menschen in unserem Leben verbunden zu bleiben.

Doch auch wenn sich die Kommunikationsmöglichkeiten verbessert haben, besitzen wir doch immer noch die gleiche soziale Kapazität, wie sie auch Menschen vor Jahrzehnten oder Jahrhunderten besaßen. Wenn diese Kapazität nun von immer mehr Beziehungen in Anspruch genommen wird – wie viel Raum bleibt da noch für tiefe Freundschaften? Wenn es so leicht ist, Nachrichten zu schreiben oder Sprachnachrichten aufzunehmen, nehme ich mir dann wirklich noch die Zeit, Menschen, die mir wichtig sind, für lange Telefonate anzurufen oder sie zu besuchen? Ein kurzes «Na, wie geht's?» per WhatsApp ist schnell abgeschickt – und das weiß auch die Person, die die Nachricht erhält. Kann das nicht zu einer Inflation führen? Wir haben immer mehr Freundschaften, aber sind sie heute weniger wert?

Ich kann mich an eine Szene erinnern, ich war etwa neun Jahre alt und mit meinem älteren Bruder und meinem Vater im Urlaub in einem Hotel, das einen Pool hatte. Unglaublich cool fand ich das damals und verbrachte die Tage mit einem großen Sonnenhut auf einer weißen Plastikliege am Schwimmbecken, obwohl nur ein paar Meter weiter das Meer mitsamt Sandstrand wartete. Aber am Pool gab es Eis. Am Meer nicht. Meine Prioritäten waren klar. Einmal traf ich ein französisches Mädchen am Pool, das in etwa in meinem Alter war. Wir wurden Freundinnen. Und das trotz der Tatsache, dass sie nur Französisch sprach, ich nur Deutsch und wir die meiste Zeit keine Ahnung hatten, was die andere sagen wollte. Sie mochte ebenfalls Eis, und wir verbrachten den Tag zusammen. Am Abend verkündete ich meinem Bruder, dass ich jetzt eine neue Freundin hätte. Und er sagte nur zu mir: «Das ist keine Freundin, Nina. Ihr könnt ja noch nicht mal miteinander reden.» Er versuchte mir zu erklären, was denn eine wirkliche Freundin sei. Seine Definition habe ich vergessen. Ich weiß nur noch, dass ich ihn für einen unheimlichen Spielverderber hielt. Freunde waren doch schließlich Leute, mit denen man eine schöne Zeit verbrachte, oder? Heute verstehe ich, dass zu einer Freundschaft mehr gehört als ein gemeinsam verbrachter Tag. Meine Erwartungen sind gewachsen. Es gibt jetzt neue Kategorien wie «Bekannte» oder «Kontakte» – auch wenn Facebook noch immer alle Leute, die ich irgendwann mal kennengelernt habe, standardmäßig als meine Freunde betitelt. Echte Freundschaften erfordern Zeit und emotionale Kapazität, zumindest für mich. Beides habe ich in gewissem Sinne nur begrenzt. Bei dem Überangebot an «Freunden» muss ich mir also die Frage stellen: Wen möchte ich wirklich in meinem Freundeskreis haben, wen vielleicht eher nur in meinem Bekanntenkreis, und wer soll nicht mehr Teil meines Lebens sein?

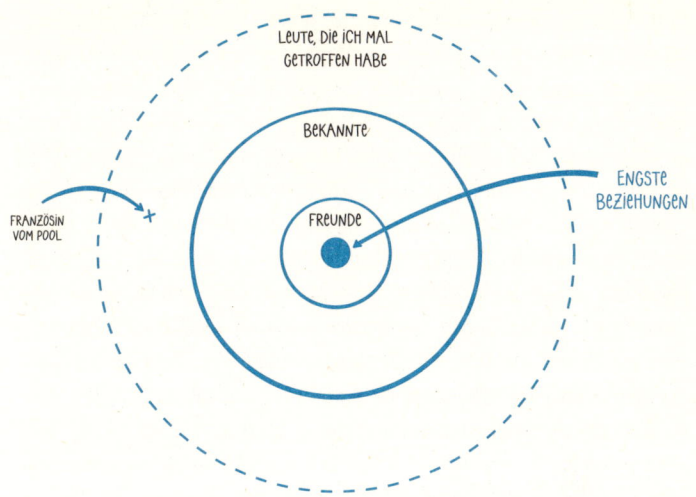

Die Veränderung unserer Beziehungen kann man nicht nur den digitalen Medien zuschreiben. Auch gesellschaftliche Veränderungen wie die Rollenverteilung zwischen den Geschlechtern und das Schwinden von engen Familienstrukturen wirken sich auf unser soziales Leben aus. Die Aufgabe, Stabilität und Absicherung zu bieten, fällt heute immer mehr dem Freundeskreis zu. Früher war es noch die Familie oder gar der Stamm, die diese Bedürfnisse befriedigten. Heute können wir unseren Stamm selbst wählen. Wenn man bedenkt, dass das menschliche Gehirn sich über Jahrtausende der Einbindung in feste Stammes- und Familienstrukturen entwickelt hat, ist diese Veränderung eine ziemliche Herausforderung für unsere Psyche. Der Fokus auf soziale Beziehungen ist tief in uns angelegt. Laut einer Theorie des britischen Psychologen Robin Dunbar ist dies sogar der Grund für die Entwicklung der menschlichen Sprache: Die Steinzeitmenschen wollten am Lagerfeuer tratschen – sie wollten übereinander reden, um herauszufinden, wem sie vertrauen konnten. Andere Menschen faszinieren uns also seit jeher, denn unser Leben und unser Glück hängen von ihnen ab.

Das mit dem Glück fand übrigens eine amerikanische Forschungsgruppe in einer Langzeitstudie (mit Daten aus mittlerweile etwa 80 Jahren!) heraus. Sie verfolgte das Leben von Hunderten Menschen aus Boston, um herauszufinden, was am meisten zu einem glücklichen und gesunden Leben beiträgt. Die Antwort: Gute Beziehungen sind der Schlüssel. Dabei ist das Wort «gut» besonders wichtig. Die Forschungsgruppe fand heraus, dass es um die Qualität und nicht die Quantität von engen Beziehungen geht und dass die Qualität der sozialen Beziehungen von 50-Jährigen deren Gesundheit als 80-Jährige vorhersagen kann. Gute Beziehungen sind also langfristig extrem wichtig für uns. Ich denke, das haben viele von uns schon vermutet. Aber es schließt sich hier natürlich eine Reihe dringlicher Fragen an. Wagen wir uns an die erste Frage dieses Kapitels heran: Wen willst du überhaupt in deinem Leben haben?

## Frage I
## Wen möchte ich in meinem Leben haben?

Gute Beziehungen machen also glücklich. Aber was bedeutet «gut»? Laut den Forschern der Langzeitstudie zum Thema Glück sind die wertvollsten Beziehungen eng und stabil. Solltest du jetzt also nur noch Menschen in deinem Leben haben, mit denen du besonders enge, langjährige Freundschaften pflegst? Und kosten diese Freundschaften nicht besonders viel Zeit – und von der hat man ja nie genug?

In der Tat ist gerade eine gewisse «Entrümpelung» des eigenen Freundeskreises en vogue. Die Aufräumexpertin Marie Kondo hat zum Beispiel mal in einem Interview mit der ZEIT gesagt: «Verbringen Sie nur Zeit mit Leuten, an denen Ihnen wirklich etwas liegt. Sortieren Sie die anderen aus.»

Doch der Marie-Kondo-Trend scheint im Bereich Beziehungen noch nicht die breite Masse anzusprechen: Statt auszusortieren, versuchen zahlreiche Leute, sich mit möglichst vielen Menschen zu umgeben. Frei nach dem Motto: Je mehr Freunde und Bekannte du hast, desto beliebter, erfolgreicher und glücklicher wirst du sein. Es entsteht also der Druck, so viele Beziehungen wie möglich zu pflegen und zu halten. Vermutlich liegt das daran, dass wir Angst vor Einsamkeit haben. Zu Recht – denn wie Robert Waldinger, Direktor der Glücksstudie, feststellt: «Einsamkeit tötet. Sie ist genauso wirkungsvoll wie Rauchen oder Alkoholismus.» Einsamkeit ist in unserer hypersozialen Welt ein wahres Schreckensszenario. Wir tun alles dafür, nicht einsam zu sein – oder vielleicht sogar schlimmer – einsam zu wirken. Olivia Laing beschreibt dies in ihrem Buch *Lonely City* sehr eindrücklich: «Einsamkeit fühlt sich an wie eine beschämende Erfahrung, die dem Leben, das wir führen sollen, so widerspricht, dass sie zunehmend unzulässig wird, ein Tabu-Zustand, dessen Eingeständnis dazu führt, dass andere sich abwenden und fliehen.»

Alles klar. Also bloß nicht einsam werden. Aber so viele Menschen wie möglich in unserem Leben zu halten, scheint da nicht gerade die optimale Lösung zu sein. Schließlich kommt es nicht nur auf die Menge der Beziehungen an – es müssen auch noch «gute» Beziehungen sein. Und die wollen gefunden und gepflegt werden. Menschen, die viele, aber sehr oberflächliche soziale Beziehungen pflegen, können immer noch sehr einsam sein. (Olivia Laing verfasste ihr Buch über

Einsamkeit übrigens mitten in der ziemlich bevölkerten Metropole New York.)

Sobald wir also den Drang nach einem möglichst großen Freundeskreis hinter uns lassen, können wir uns freier die Frage stellen: Wer in meinem Leben macht mich wirklich glücklich? Wer eher nicht? Wann machen mich andere Menschen glücklich? Wann eher nicht?

Natürlich sind diese Fragen gewagt. Der Philosoph Friedrich Nietzsche hat ja schließlich gesagt: «Man darf über seine Freunde nicht reden: sonst verredet man sich das Gefühl der Freundschaft.» Da hat er wohl recht. Das Risiko geht man ein. Immerhin findet man bestimmt bei jeder Person etwas, das man an ihr nicht mag (an mir selbst habe ich ja auch eine ganze Liste an Dingen auszusetzen). Außerdem hat das Nachdenken über den eigenen Freundeskreis einen seltsamen Beigeschmack: Ist das Ganze nicht viel zu berechnend? Sind Freundschaften wirklich etwas, das uns etwas «bringen» muss, wie Glück, Inspiration oder Spaß?

An Nietzsches Einwand ist wohl etwas dran. Allerdings muss man eines sagen: Nietzsche lebte in anderen Zeiten. Heute drängt sich uns die Frage nach der Wahl der Menschen, die wir in unserem Leben haben wollen, viel stärker auf als noch Ende des 19. Jahrhunderts. Damals hatte man schlicht nicht so oft Gelegenheit, neue Menschen kennenzulernen, und die Kontaktmöglichkeiten waren beschränkt. Über diese kleine, kaum erreichbare Auswahl dann auch noch nachzudenken, wäre vermutlich nicht der beste Tipp gewesen. Heute kommt man allerdings in vielen Fällen sogar in die Situation, sich bewusst abschirmen zu müssen, wenn wir gewisse Personen nicht in unserem Leben haben wollen.

Tun wir es also. Reden wir über unsere Freundschaften. Auf die Gefahr hin, dass wir uns damit «das Gefühl der Freundschaft zerreden». Denn vielleicht ist das in manchen Fällen sogar gut.

In einem Coaching erzählte mir eine Teilnehmerin, dass sie ihre Freunde in Kategorien unterteilt. Je nachdem, welche Bedürfnisse eine Freundschaft für sie deckt, wird sie in die entsprechende Kategorie eingeordnet. Da wären also zum Beispiel die Spaßkategorie und die Stabilitätskategorie und die Inspirationskategorie. Ein paar Menschen passen in mehrere Kategorien, decken also mehrere Bedürfnisse ab. Diese Menschen können dann «beste Freundinnen oder Freunde» sein.

Die Stabilitätskategorie finde ich besonders spannend. Denn diese Kategorie unserer Freundschaften kann uns Kontinuität in unserer eigenen Identität geben: Es sind die Menschen, die uns über Lebensphasen und Orte hinweg begleiten und mit denen wir darüber sprechen können, warum wir heute so sind, wie wir es früher noch nicht waren.

Wenn wir der Theorie meiner Teilnehmerin also Glauben schenken und sagen, dass Freundschaften gewisse Bedürfnisse unsererseits erfüllen, dann stellt sich die Frage: Werden meine Bedürfnisse gerade optimal erfüllt?

Suboptimal wäre es zum Beispiel, wenn gewisse Bedürfnisse gar nicht erfüllt werden oder zu viele Bedürfnisse von einer einzigen Person erfüllt werden müssen (wie es oft in Liebesbeziehungen der Fall ist). Letzteres setzt die entsprechende Person stark unter Druck und führt vermutlich dazu, dass die Bedürfnisse nicht richtig erfüllt werden können. Wenn ich also von meiner engsten Freundin erwarte, Entertainerin, Gesprächspartnerin, Therapeutin, Sportpartnerin und Stabilitätsgeberin zugleich zu sein, fordere ich vielleicht zu viel, und es bleibt zwangsläufig etwas auf der Strecke. Suboptimal ist es auch, wenn wir von einer Person erwarten, ein gewisses Bedürfnis zu erfüllen, das diese Person jedoch gar nicht erfüllen möchte oder kann. In dem Fall müssen wir uns fragen, ob wir unsere Erwartungen anpassen können und inwiefern die Freundschaft trotzdem unser Leben bereichern könnte (zum Thema Erwartungen später noch einmal mehr).

Um beim Thema Freundschaften einen Schritt zurück zu machen, können wir auch hier unsere Freundschaften als eine Art Mosaik betrachten. Einzelne Beziehungen können einzelne Mosaiksteine sein, die uns entweder zu klein oder zu groß oder zu seltsam geformt oder eben genau richtig vorkommen. Ein solches Mosaik kann zeigen, welche Bedürfnisse wir selbst im Lebensbereich «Beziehungen» haben. Hier mal ein paar Beispiele von typischen Beziehungs-Mosaiken:

Wie würde dein derzeitiges Beziehungs-Mosaik aussehen, und wie findest du es? Würdest du dir gegebenenfalls ein paar Veränderungen wünschen?

 **ÜBUNG**

**Wen möchte ich in meinem Leben haben?**

Auch hier gilt es zuerst einmal, dir einen ruhigen Platz zu suchen und mit Stift und Papier dein jetziges Beziehungs-Mosaik zu zeichnen. Also das Mosaik der Menschen in deinem Leben, wie du sie derzeit wahrnimmst. In deinem Beziehungs-Mosaik kann jeder Mensch vorkommen, der in deinem Leben eine Rolle spielt: egal ob Freundin oder Freund, Verwandtschaft, Kolleginnen und Kollegen oder sonst irgendjemand. Falls du dich nicht entscheiden kannst, denke mal darüber nach, wer im vergangenen Jahr Teil deines Lebens war. Es geht auch hier um dein Bauchgefühl. Und es geht um den Status quo – also die Art und Weise, wie du deine Beziehungen jetzt gerade, in diesem Moment, wahrnimmst. Wenn dein Mosaik ganz anders aussieht als in den Beispielen oben, ist das vollkommen in Ordnung – geh ganz frei an das Zeichnen deines Beziehungs-Mosaiks heran.

Während du zeichnest, fallen dir bestimmt schon ein paar Dinge ein, die du gern anders haben würdest. Eine Beziehung sollte in deinem Leben mehr oder weniger Platz einnehmen? Gewisse Beziehungssteine sollten weiter auseinanderliegen? Zeichne im zweiten Schritt dein gewünschtes Beziehungs-Mosaik!

Wie schon zuvor kannst du nun für dich die Frage beantworten: Wie komme ich von meinem Status-quo-Mosaik zu meinem Wunsch-Mosaik? Vielleicht bringen dich kleine Veränderungen schon näher an dein Ziel, etwa Kalendererinnerungen für wöchentliche Telefonate oder weniger Zeit auf LinkedIn. Überlege dir Mikro-Erfahrungen und trage sie in deine Planungstabelle ein, um sie auszuprobieren und zu reflektieren. Falls du Tipps für das Zeichnen deiner Mosaike oder die Planung deiner Mikro-Erfahrungen brauchst, dann gehe gerne noch einmal zurück zu Kapitel 4 und hole dir Inspiration.

## Frage 2
## Sind lebenslange Beziehungen mit derselben Person überhaupt noch möglich?

Hier gibt es eine klare Antwort: Lebenslange Beziehungen mit derselben Person waren noch nie möglich. Aber bevor du jetzt entweder empört oder grimmig nickend weiterblätterst, noch ein Satz: Das heißt nicht, dass wir lebenslange Beziehungen nicht eingehen könnten. Warum sonst würden Ben und ich heiraten wollen?

Fangen wir von vorne an. Nämlich damit, warum die häufig gestellte Frage «Sind lebenslange Beziehungen mit derselben Person überhaupt noch möglich?» überhaupt wichtig ist. In dieser Frage finden sich zwei Elemente, die bezeichnend für die Zeit sind, in der wir leben:

Zum einen wird hier ein traditionelles Beziehungsmodell in Frage gestellt, und zum anderen drückt die Häufigkeit dieser Frage den Wunsch nach Stabilität aus. Immerhin hat die am Anfang dieses Kapitels erwähnte Glücksstudie ebenfalls hervorgehoben, wie wichtig langfristige, stabile Beziehungen für Menschen sind. Das hat sich auch für die jüngeren Generationen nicht verändert.

Auch wenn die Frage nicht unbedingt immer in dieser Form ausgesprochen wird, so schwingt sie doch in vielen Gesprächen mit – zum Beispiel, wenn es um die Wahl der Beziehungsform geht: Möchte ich wirklich monogam leben?, um die Wahl der Partnerin oder des Partners: Soll ich mich wirklich auf diese Person festlegen?, oder um Familiengründung: Kann ich zur Not auch allein Kinder großziehen? Auch in Freundschaften zeigt sich das Bedürfnis nach langjährigen Beziehungen: Hast du in der Schule mal irgendwo «Best Friends 4 Ever» oder «BFF» hingekritzelt? Nachgedacht hast du damals vermutlich nicht über die Bedeutung dieses Spruchs. Klang gut und war außerdem cool, weil auf Englisch. Was wollte man damals mehr? Ich jedenfalls nicht viel. Heute wäre ich mit solchen Aussagen vorsichtiger.

Diese Vorsicht scheint etwas zu sein, das ich mit vielen Millennials gemein habe. Zum Beispiel zögern wir bei Liebesbeziehungen länger als die Generationen vor uns. In der Forschung spricht man mittlerweile von der «langsamen Liebe». Im Schnitt heiraten Frauen heute mit 32, Männer sogar erst mit 35 – deutlich später als noch in den 1980ern, wo das Heiratsalter von Frauen im Schnitt unter 25 lag. Zudem ist die Anzahl derer, die überhaupt heiraten wollen, im Vergleich mit der letzten Generation um rund 20 Prozent zurückgegangen. In einer Umfrage unter Millennials zum Thema Partnerschaft im Jahr 2017 gab sogar mehr als ein Viertel der Befragten an, dass sie sich eher mehrere längere Partnerschaften im Leben wünschten als eine sehr lange.

Wie lassen sich diese Entwicklungen begründen? Ich habe da einige Vorschläge:

Erstens hat es sicherlich etwas mit veränderten Beziehungsmodellen zu tun. Wie bereits erwähnt, gibt es mittlerweile die unterschiedlichsten Modelle, nach denen man Liebesbeziehungen führen kann. Eine dauerhafte, monogame Zweierbeziehung – noch dazu eine heterosexuelle – ist für viele von uns zu nur einer Option unter vielen geworden.

Vermutlich spielt auch die Position der Frau in die Sache mit rein. Frauen in Deutschland stehen heute unter weniger Druck, sich in eine Ehe zu begeben. Sie können ihr Leben selbständig und unabhängig von anderen Menschen gestalten. Die Rolle der Ehe als soziale und finanzielle Absicherung ist nicht mehr zeitgemäß.

Andererseits könnte auch unser Dilemma der vielen Möglichkeiten daran schuld sein. Machen uns die vielen Optionen, die wir heute haben, wählerischer? Wer sagt uns schließlich, dass wir in jemand anderem nicht noch eine bessere Partnerin oder einen besseren Partner finden könnten? Oft scheint es, als würden wir in jedem Moment, in jeder Beziehung (nicht nur in Liebesbeziehungen) ständig aufwiegen: «Wenn ich Zeit mit dieser Person verbringe, dann kann ich keine Zeit mit der anderen Person verbringen.» Wir optimieren ständig, getrieben von etwas, das der berüchtigten «FOMO» nahe kommt – der «Fear Of Missing Out», also der Angst, etwas zu verpassen. Haben wir dabei eventuell verlernt, uns wirklich auf etwas einzulassen, so wie wir es noch als Kinder konnten, im Sommerurlaub am Pool? Sicherlich trifft das nicht auf alle Vertreterinnen und Vertreter der jüngeren Generationen zu – aber vermutlich auf einige.

Oder sind es die romantischen Hollywoodfilme, die uns verdorben haben? Sie haben in uns die Erwartung geweckt, dass ein «für immer» nur im Zusammenhang mit großen Gefühlen funktionieren kann. Wenn die scheinbar fehlen, trauen wir uns vielleicht auch einfach nicht mehr. Aber was ist, wenn große Gefühle ganz klein anfangen und wir ihnen bloß nicht genug Zeit lassen?

Und noch eine Vermutung: Hat unser kollektives Zögern vielleicht auch etwas mit unserer Angst vor Verletzbarkeit zu tun? Sobald wir uns auf einen Menschen festlegen, machen wir uns ein Stück von ihm abhängig: Wir geben etwas preis, das dieser Mensch uns jederzeit wegnehmen kann (zumindest ist genau das unsere Befürchtung). Wollen wir dieses Risiko wirklich eingehen? Vielleicht kennst du ihn auch, den sozialen Tanz, der sich rund um das Thema «Wann nennen wir unser Ding hier eine Beziehung?» abspielt. Es kann Monate dauern, bis man sich traut, eine (emotionale) Abhängigkeit auch nur im Ansatz zuzugeben.

Vielleicht haben wir aber auch einfach aus den Fehlern unserer Eltern gelernt. Denn wie schon angesprochen, haben wohl viele von uns in ihrem Leben die Trennung der Eltern miterlebt.

Und da kommen wir auch schon auf den Grund für meine obige Aussage zu sprechen: Warum sind lebenslange Beziehungen mit derselben Person noch nie möglich gewesen? Das liegt an dem Wort «derselbe». Denn kein Mensch auf dieser Welt bleibt sein ganzes Leben derselbe. Vielleicht haben wir denselben Namen, aber derselbe oder dieselbe sind wir in keinem Fall. Die Welt ändert sich ständig, und wir tun es auch. In welche Richtung diese Veränderung uns führt, kann niemand mit Gewissheit sagen. Also bleiben wir vielleicht die gleichen Menschen – immer *dieselben* zu bleiben, ist hingegen schier unmöglich.

Lass uns ein Gedankenexperiment durchspielen: Was hast du vor zehn Jahren über die Person vermutet, die du heute bist? Wie richtig lagst du? Wie stellst du dir dich selbst in zehn Jahren vor? Wie viele deiner aktuellen Vermutungen werden wohl zutreffen?

Dafür kannst du zurückdenken an die *End-of-History*-Illusion, über die wir bereits in Kapitel 3 gesprochen haben: Laut Psychologinnen und Psychologen sitzen Menschen dem Irrglauben auf, sich in der Vergangenheit viel mehr verändert zu haben, als sie es in Zukunft je wieder tun werden.

Wenn du dir also noch nicht einmal sicher sein kannst, wer du in ein paar Jahren bist, wie kannst du es dann bei einer anderen Person sein? Wenn man sich heute also darauf festlegt, eine Person «für immer» im eigenen Leben haben zu wollen, ist das eine ziemlich riskante Wette, die man eingeht. Allerdings heißt das nicht, dass wir uns deshalb nicht auf sie einlassen sollten.

Langfristige Beziehungen können Stabilität und Identität geben. Sie sind also etwas, das für die meisten Menschen ein Grundbedürfnis erfüllt. Wir brauchen diese (lebens)langen Beziehungen – egal ob in Freundschaft oder Liebe. Das gilt für die jungen Generationen ebenso wie für ihre Eltern, Großeltern, Urgroßeltern und so weiter und so fort. Ich habe mich entschieden, Optimistin zu sein, und will einen Zusatz zu meiner Aussage oben machen: Lebenslange Beziehungen mit derselben Person waren noch nie möglich, aber lebenslange Beziehungen mit der gleichen Person sind heute möglicher denn je.

Woran liegt das?

Lebenslange Beziehungen haben ihre Selbstverständlichkeit verloren. Während unsere Großeltern noch den Bund für die Ewigkeit schlossen und in guten wie in schlechten Zeiten daran festhielten, wurden einige unserer Eltern von der Möglichkeit einer Scheidung überrascht. Wir sind die erste Generation, die sich sicher ist, mit Aussagen wie «BFF» oder «Ja, ich will» keine Garantie für eine lebenslange Beziehung in der Tasche zu haben. Die «Generation Scheidungskind» hat also einen klaren Vorteil gegenüber Generationen aus anderen Zeiten: Wir gehen mit offenen Augen in langfristige Beziehungen. Wir haben andere Erwartungen und wissen, dass Beziehungen eine lebenslange Entwicklung bleiben, die wir aktiv gestalten können, wenn wir wollen. Letzteres heißt natürlich nicht, dass wir in irgendeiner Weise mehr Einfluss darauf hätten, wie sich der andere Mensch verändern wird. Aber wir können immerhin sich anbahnende Differenzen frühzeitig erkennen und versuchen, mit ihnen umzugehen.

Wie können wir diesen Vorteil nutzen? Wie hat man zumindest die Chance, eine lebenslange Beziehung zu erhalten?

Die magische Zauberformel, die ich euch anbieten möchte, besteht aus zwei Teilen: Erwartungen und Visionen.

Beschäftigen wir uns zunächst mit dem Thema «Erwartungen». Ich will nicht dafür plädieren, unsere Erwartungen herunterzuschrauben. Das hat mir mal eine Studienkollegin als ernstgemeinten Tipp gegeben. Mir geht es um die Passung von Erwartungen. Wie passen die Erwartungen, die ich an meinen Partner oder meine Partnerin richte, zu den Erwartungen, die diese Person an mich hat? Und: Sind die Personen in der Partnerschaft auch bereit, diese Erwartungen zu erfüllen?

Sich diese Fragen frühzeitig und immer wieder in einer Beziehung zu stellen, ist besonders in Zeiten der Multioptionalität wichtig. Die Rollen innerhalb einer Partnerschaft sind zum Glück nicht mehr vorgegeben, und wir müssen uns fragen: Wer darf Karriere machen, wer sich um etwaige Kinder kümmern? Wer zieht um, damit die Partnerin oder der Partner ihren oder seinen Traum leben kann? Die Antworten auf diese oder ähnliche Fragen müssen in jeder Beziehung individuell ausgehandelt werden. Dieses «Aushandeln» müssen wir allerdings erst lernen. Manchmal ist es nämlich gar nicht so leicht, festzustellen, welche Erwartungen wir eigentlich haben. Angenommen, ich bekäme ein tolles Jobangebot, für das ich umziehen müsste: Was würde ich von meinem Partner, was von meinem engsten Freundeskreis erwarten? Weiß ich das nicht erst, wenn ich wirklich in der Situation bin?

Ja. Mit Sicherheit. Und trotzdem ist es notwendig, frühzeitig und kontinuierlich Erwartungen gemeinsam zu entdecken, wenn man das Ziel einer lebenslangen Beziehung vor Augen hat. Nur so kann man gemeinsam langfristige Visionen entwickeln, auf die man sich zusammen freut.

Und da wären wir schon beim zweiten Teil: der Vision. Am Beispiel Ehe wird die Sache besonders deutlich. Da müssen wir nur einen x-beliebigen Hollywoodfilm anschauen, und schon wissen wir: Das Ideal einer Ehe ist eine wunderschöne, freudentränenreiche und überglückliche Hochzeit und dann – *and they lived happily ever after*, Schluss, Abspann. Moment mal! Soll das etwa bedeuten, dass das Wichtigste und Tollste an einer lebenslangen Verbindung mit dem Eintritt in die Ehe schon gelaufen ist? Kein Wunder, dass vielen Menschen irgendwann die Puste ausgeht – sie wissen ja gar nicht, auf welches Ziel sie zusteuern. Menschen brauchen Visionen, um motiviert zu bleiben. Wohlbemerkt sind Visionen nicht mit Masterplänen gleichzusetzen, aber dazu mehr in Kapitel 7. Dasselbe gilt auch für Beziehungen. Lebenslange Bindungen brauchen ein Leben lang immer wieder neue Visionen. Was wollen Menschen in einer Beziehung zusammen erleben, erschaffen, erreichen?

Passen die Erwartungen zusammen, die jeder einzelne Mensch an die gemeinsame Vision richtet?

Die Mosaik-Methode kann helfen, die langfristigen Erwartungen und Visionen in einer Beziehung zu entdecken.

 **ÜBUNG**

**Was ist eure Beziehungsvision?**

Nimm dir mit einer Person, mit der du in einer Beziehung stehst (Liebesbeziehung, Freundschaft, Verwandtschaft, was auch immer), ein paar ruhige Minuten. Zeichnet beide – getrennt voneinander – ein Mosaik. Dieses Mosaik bildet eure Beziehung in fünf Jahren ab, so wie ihr es euch wünschen würdet. Ein Tipp: Statt die Mosaiksteine mit Begriffen für Lebensbereiche zu beschriften, nehmt ihr dieses Mal Zitate. Was hofft ihr, werdet ihr in 5 Jahren zueinander sagen? Welche Aussage steht dabei in eurem Mosaik im Zentrum? Gibt es eine, die größer ist als alle anderen? Inspiration könnt ihr in der folgenden Illustration finden.

Erklärt euch gegenseitig eure individuellen Bilder. Dazu könnt ihr euch folgende Fragen stellen:

- Wieso haben eure Steine eine bestimmte Position, Größe oder Form?
- Was sind Gemeinsamkeiten eurer beiden Mosaike?
- Wo sind eure Mosaike unterschiedlich und warum?
- Welche Handlungen folgen aus den jeweiligen Zitaten?
- Welche dieser Handlungen könnt ihr bereits jetzt umsetzen?

Entwerft eine gemeinsame Beziehungsvision, die sich für euch beide richtig anfühlt, und zeichnet diese Vision ebenfalls auf wie in der Illustration dargestellt. Hier handelt es sich um die Beziehungsvision zweier enger Freundinnen, die noch lange befreundet bleiben wollen:

## Frage 3
## Welche Erwartungen dürfen andere an mich richten?

Das Wort «Erwartungen» kam in diesem Kapitel nun schon einige Male vor. Offenbar ist es etwas, das in menschlichen Beziehungen nicht zu vernachlässigen ist. Ich würde sogar sagen, dass Erwartungen im Kern menschlicher Beziehungen liegen. Wir hängen voneinander ab, darum sind wir als kollektive Spezies überhaupt so erfolgreich. Wir brauchen andere Menschen, um uns mit Nahrung, Schutz oder auch Liebe zu versorgen (die ganze Maslow'sche Bedürfnispyramide rauf und runter). Und andere Menschen brauchen uns. Da ist es nur ein vernünftiger Überlebenstrieb, Erwartungen zu haben und sie zu erfüllen. Darauf beruhen unsere gesamten sozialen Interaktionen. Erwartungen sind so besonders und so menschlich, weil sie unsere Fähigkeit zeigen, über die Zukunft nachzudenken. Im Gegensatz zu anderen Lebewesen können wir über etwas sprechen, das wir nicht anfassen können, etwas, das einzig in unserer Vorstellung existiert. Was ist das Nachdenken über die Zukunft anderes als das Bilden und Reflektieren von Erwartungen?

Wir befinden uns also in einem ewigen Tauschhandel: Du gibst mir etwas, ich gebe dir etwas. Oder auch: Du gibst mir etwas, ich gebe jemand anderem etwas, der wieder jemand anderem, und irgendwann kommt wieder etwas zu dir zurück. Wir befinden uns in einem unsichtbaren und umfassenden Netz an Erwartungen, das uns als Menschheit umspannt.

Aber: Wo ist die Grenze zwischen gerechten Erwartungen und überzogenen Erwartungen? Wer entscheidet darüber, was ich von anderen erwarten darf und andere von mir? Es gibt genug Beziehungen, die genau an dieser Frage scheitern. Entweder eine Person weiß nicht, was erwartet wird, und enttäuscht deshalb, oder aber es werden Dinge von einer Person erwartet, die sie schlicht nicht leisten kann (oder will).

Die Frage, ob wir Erwartungen erfüllen oder enttäuschen werden, bestimmt oft unseren Alltag. Bei jedem Workshop und jedem Coaching muss ich den Gedanken unterdrücken: «Die erwarten jetzt, dass ich einen phantastischen Job mache.» Der Erwartungsdruck anderer kann uns lähmen. Insbesondere, wenn wir uns sicher sind, dass wir die Erwartungen nicht erfüllen können. Kommt man in eine Situation, in der ein Mensch mehr von einem erwartet, als man geben kann, entsteht eine Art «Erwartungsungleichgewicht». Das Problem ist, dass wir oft nicht darüber sprechen, was erwartet wird und was erfüllt werden kann. Man bemerkt das Ungleichgewicht dann erst durch die Unzufriedenheit einer beteiligten Person. Aus eigener Erfahrung kann ich berichten, dass das besonders oft in Freundschaften passiert. Im Job hat man zumindest oft externe Gradmesser wie Leistungsbeschreibungen und Verträge, die man zu Rate ziehen kann, wenn man sich nicht sicher ist, was die andere Seite erwartet. Von einem Freundschaftsvertrag habe ich noch nie gehört, obwohl das vielleicht auch mal eine interessante Idee wäre … Erwartungen in Freundschaften hängen oft davon ab, welche Stellung eine gewisse Freundschaft im jeweiligen Beziehungs-Mosaik hat. Ist der Freundschaftsstein für dich größer, möchtest du auch eine entsprechend intensive Beziehung mit der anderen Person haben. Hast du jedoch schon viele große Freundschaftssteine in deinem Mosaik, bist du vermutlich eher an einer weniger intensiven Freundschaft interessiert. Solche Freundschaften werden manchmal «low-maintenance friendships» genannt. In letzterem Fall bist du vielleicht genervt oder gestresst, wenn sich die andere Person ständig mit dir treffen möchte.

Die Frage lautet also: Wie sehr steht die bereits freundschaftlich ausgelastete Person in der Pflicht, Platz für die andere Person zu schaffen? Oder anders formuliert: Wie sehr dürfen andere Menschen in unser Lebens-Mosaik eingreifen?

Als ich diese Frage in einem Coaching stellte, sagte die Teilnehmerin, dass sie manchmal das Gefühl habe, wir lebten in eine «Achtsamkeitsgeneration». Also einer Generation von Menschen, die gelernt haben, sich selbst erst mal zu fragen: «Tut mir das gut?», bevor sie ihr Leben (oder auch nur ihren Tag) für eine andere Person verändern. Ist das wirklich gut? Muss man nicht auch Unausgewogenheit hinnehmen in Beziehungen? Ist das nicht Teil unseres menschlichen Erwartungspakts, dass wir einen Teil unseres Lebens an andere abgeben und dafür eine andere Leistung «zurückerwarten» dürfen?

Diese Frage ist im beruflichen Kontext relativ klar zu beantworten. Hier gibst du Lebenszeit und Energie und bekommst dafür Geld. Ein Tausch, auf den wir uns einlassen. Die Spielregeln dieses Tauschgeschäfts werden allerdings immer diffuser. Die Lebenszeit, die du gibst, ist möglicherweise nicht mehr auf exakt acht Stunden festgelegt. Du gibst so viel Zeit, bis du deine Arbeit gemacht hast. Zugleich darfst du Dinge zurückerwarten, die nicht im Vertrag stehen: soziale Einbindung, Weiterentwicklung, vielleicht sogar Erfüllung. Das stellt uns vor die Herausforderung, auch im Job eine Bis-hierhin-und-nicht-weiter-Linie zu definieren. Musst du zu jeder Geschäftsreise ja sagen? Dürfen dich deine Vorgesetzten auch abends auf deiner privaten Handynummer anrufen?

Ich kann dir für deine individuelle Situation keine pauschale Antwort geben. Aber solltest du dich in einer Lage befinden, die sich nach einem Erwartungsungleichgewicht anfühlt, versuche doch mal der Sache mit dieser Mosaikübung auf den Grund zu gehen:

 **ÜBUNG**

**Welche Erwartungen richten andere an dich?**

Es geht wieder darum, dein Lebens-Mosaik zu zeichnen. Allerdings diesmal nicht aus deiner eigenen Perspektive, sondern aus der Perspektive einer anderen Person, die sich etwas für dich oder von dir wünscht. Wie sieht das Lebens-Mosaik aus, das eine Person aus deinem sozialen Umfeld gern für dich haben möchte? Wie sieht das

Lebens- oder Arbeits-Mosaik aus, das deine Vorgesetzten von dir erwarten? Möchten deine Vorgesetzten zum Beispiel, dass der Stein «Erreichbarkeit» viel größer ist, als du ihn gern hättest? Das Prinzip des Zeichnens dieses Mosaiks ist dasselbe wie zuvor – der einzige Unterschied besteht darin, dass du jetzt aus der Perspektive einer anderen Person denkst. Vertraue auch hier zunächst auf dein Bauchgefühl. Überprüfen, inwiefern du richtigliegst, kannst du im Anschluss.

Sobald du das Mosaik gezeichnet hast, stell dir ein paar Reflexionsfragen:

- Warum glaube ich, dass sich die andere Person mein Lebens-Mosaik so wünscht?
- Inwiefern weicht dieses Mosaik von dem Mosaik ab, das ich mir selbst für mich wünsche?
- Inwiefern wäre es für mich in Ordnung, mich auf das Mosaik zuzubewegen, das sich die andere Person für mich wünscht? (Bei der Beantwortung dieser Frage solltest du im Kopf behalten, dass du dein Mosaik nicht unendlich erweitern kannst – auch dein Mosaik hat einen Rahmen. Du kannst nicht alles leisten.)
- Welche Fragen könnte ich der anderen Person in einem Gespräch stellen, um herauszufinden, ob das Erwartungsungleichgewicht wirklich so besteht?

Im nächsten (und ebenso wichtigen) Schritt gehst du auf die andere Person zu und überprüfst, ob deine Annahmen richtig waren. Falls in der Tat ein Erwartungsungleichgewicht besteht, könnt ihr darüber sprechen, warum du die

Erwartungen gegebenenfalls nicht erfüllen kannst oder willst. Oft stellt sich jedoch im Gespräch heraus, dass die Imbalance gar nicht so gravierend ist, wie anfangs gedacht – das weiß ich aus eigener Erfahrung.

# KAPITEL 7

# Warum das alles?
# Die Suche nach dem Sinn

Entspricht mein Leben meinen Werten –
und welche habe ich überhaupt?
Was ist meine Vision?
Wie finde ich Erfüllung?

Der Sinn. Alle suchen ihn, keiner weiß so recht, was er ist. Zumindest kommt es mir so vor, wenn ich in meinem Freundeskreis oder in Coachings danach frage. «Was bedeutet Sinn für dich?» Eine Frage, die uns überfordert. Die Antworten lauten meist «zu etwas Größerem beitragen», «einen Impact haben», «nach meinen Werten leben», «einen erfüllenden Job ausüben», «eine Antwort auf das Warum». Okay. Besser hätte ich es auch nicht sagen können. Aber bei all diesen Antworten sollten wir uns fragen: Was ist denn «das Größere», zu dem wir beitragen wollen? Was heißt es denn konkret, seine «Erfüllung» zu finden oder einen «Impact» zu haben?

Sicher können wir uns darauf einigen, dass der Sinn eine wichtige Rolle im Leben einnimmt. Du erinnerst dich vielleicht an die 91 Prozent, die laut der Shell Jugendstudie 2019 nach einer «sinnhaften» Tätigkeit im Job suchen. Außerdem hat schon Sokrates vor Tausenden von Jahren festgestellt: «Das ungeprüfte Leben ist nicht lebenswert.» Hatte er da nicht auch so etwas wie die Suche nach dem Sinn im Kopf?

Generationen von Menschen sind diese Suche bereits angetreten. Seit jeher gibt es die Vorstellung von «etwas Größerem».

Die Frage danach, was dieses «Größere» ist, war zu verschiedenen Zeiten jedoch unterschiedlich schwierig zu beantworten. Heute ist die Suche nach dem Sinn besonders verwirrend. Das liegt daran, dass uns allgemeingültige Antworten fehlen. Früher sah niemand die Sinnsuche als individuelle Aufgabe an. Früher wurden Antworten durch andere Instanzen vorgegeben – und zwar durch die Religion und durch enggestrickte Gemeinschaften, zu denen man seinen Teil beizutragen hatte. Der Stellenwert der Religion ist heutzutage für viele Menschen gesunken, die Frage nach dem Warum stellt sich also umso dringlicher, und dieses Mal sollen wir ganz allein unsere persönliche Antwort darauf finden. Eine Großfamilie, in der die eigene Rolle klar festgelegt ist, gibt es heute in vielen Fällen ebenfalls nicht mehr.

Kein Wunder also, dass Menschen, deren Grundbedürfnisse gedeckt sind, heute von der Sinnfrage umgetrieben werden. Die Sinnfrage ist von einer kollektiven Frage, auf die es eine allgemeingültige Antwort gab, zu einer individuellen Frage geworden, auf die es viele Antworten gibt.

Unser Alltag gestaltet die Suche nach dem Sinn dabei nicht gerade einfacher. Betrachten wir etwa den Bereich Arbeit. Wenn wir die Frage nach dem Sinn wie oben mit «Impact haben» beantworten, wir also wollen, dass aus unserem Tun eine Wirkung folgt, dann setzt das voraus, dass wir wissen, was das Ergebnis unserer Arbeit ist. Früher war die Sache klar: Wenn ich in einer Näherei arbeitete, wusste ich, wie viele Stoffe ich am Tag zusammengenäht hatte, und ich wusste, wie viele Menschen sich mit den Stoffen bekleiden konnten. Natürlich gibt es auch heute noch Nähereien. Allerdings ist die Zahl der abstrakten Jobs in Service- oder Informationsbranchen stark gestiegen und führt dazu, dass viele Menschen weder ein Ergebnis ihrer Arbeit in den Händen halten noch die Auswirkung auf andere Menschen wirklich beurteilen können. Das bedeutet nicht, dass die Arbeit in einer Näherei früher besser war. Es bedeutet nur, dass die Frage nach unserer Wirkung oder unserem «Impact» heute weniger leicht zu beantworten ist als in den klassischen Berufen der Vergangenheit. In der Organisationsberatung war es meine Aufgabe, Menschen zusammenzubringen. Ich habe sie ermutigt, sich auszutauschen und zu lernen. Das leistet einen Beitrag zur Entwicklung der Menschen und Organisationen, mit denen ich arbeite, aber trotzdem frage ich mich ein paar Wochen nach jedem Workshop, wo nun die sichtbaren Ergebnisse meiner Arbeit sind. Ich muss nach den Antworten richtiggehend suchen, da sie mir nicht in Form eines konkreten Produkts klar vor Augen stehen. Diese Abstraktheit vieler Jobs veranlasste den Ethnologen David Graeber dazu, ein Buch mit dem Titel *Bullshit Jobs* zu schreiben. Er erzählt in seinem Buch von einer Fülle an Berufen, die heutzutage keine Antwort finden auf die Frage: Wenn es diesen Job plötzlich nicht mehr gäbe, wäre das wirklich so schlimm? Er nennt Beispiele wie Anwältinnen und Anwälte, die in großen Konzernen arbeiten. Viele Firmen brauchen nur deshalb juristische Vertretung, weil die Wettbewerber ebenfalls solche Abteilungen unterhalten. Würden sich nach und nach alle Firmen entscheiden, diese Stellen abzubauen, hätten die übrig gebliebenen Konzernjuristinnen und -juristen bald nichts mehr zu tun. Solche Jobs generieren laut Graeber Arbeit aus sich selbst heraus. Die Probleme, für deren Bearbeitung sie geschaffen wurden, würden sich in Luft auflösen, wenn es die entsprechenden Abteilungen von heute auf morgen nicht mehr gäbe. Wo liegt der Sinn dieser Jobs?

Wir können als Zwischenfazit also festhalten: Die Definition von Sinn ist von einer kollektiven zu einer individuellen

Aufgabe geworden. Daher wird dieses Kapitel auf drei Themen eingehen, die jeden von uns individuell beschäftigen und die zu einem «sinnhaften» Leben beitragen: Werte, Vision und Erfüllung. Im Gespräch über das Thema «Sinn» kommen diese drei Themen immer wieder auf. In diesem Kapitel näherst du dich also deinen Antworten auf die Sinnfrage, indem du für dich beantwortest, wie du deine Werte, Visionen und deine Erfüllung finden und nach ihnen leben kannst. Die Mosaik-Methode kann dir dabei helfen und dir somit ein Leben mit mehr Sinn verschaffen – was auch immer du darunter verstehst.

## Frage 1
## Entspricht mein Leben meinen Werten – und welche habe ich überhaupt?

Werte – schon wieder so ein Wort, das nicht leicht zu definieren ist. Dabei wird es aktuell häufig verwendet. Welche Firma hat schließlich noch nicht ihre «*Company Values*» schick designt auf der Homepage platziert? Welche politische Partei hat noch nicht an unsere Werte appelliert? Werte sind en vogue. Aber was Werte genau sind, das können nur die wenigsten präzise sagen. Der Duden definiert den Begriff unter anderem als «positive Bedeutung, die jemandem, einer Sache zukommt». Das trifft meine persönliche Vorstellung von Werten noch nicht ganz. Als Synonyme nennt der Duden allerdings auch noch die Wörter Grundsatz, Ideal, [Lebens-]Prinzip, Leitbild und Maßstab. Das kommt der Sache schon näher.

Eines ist jedenfalls sicher: Werte können etwas Leitendes sein, nach dem wir unser Leben ausrichten – ein höheres Ideal, das es zu erfüllen gilt. Vermutlich ist das auch der Grund, warum Werte zurzeit so hip sind: Sie können uns als Kompass dienen, der uns Orientierung in unserem Leben bietet und uns zeigt, ob wir in die richtige Richtung unterwegs sind. Werte geben Gewissheit. Und wonach sehnen wir uns in einer ungewissen Welt mehr?

Aber wie entstehen eigentlich Werte? Sind sie etwas, das ich von Natur aus habe und einfach entdecken muss, oder kann ich sie mir aussuchen?

Lange dachte man, dass sich Werte von rationalen Argumenten ableiten lassen. Frei nach dem Muster: Der Klimawandel zerstört die Erde und mit ihr den Lebensraum, in dem Menschen zusammenleben können, also entwickle ich den Wert Umweltbewusstsein. Ganz so funktioniert es aber offenbar nicht, wie Psychologen herausgefunden haben. Wir haben bereits den Bestätigungsfehler kennengelernt. Er deutet auf einen anderen Ablauf hin: Wir hören und merken uns selektiv nur die Argumente, die zu unseren Werten passen.

Wenn es also nicht unbedingt Argumente sind, durch die wir uns leiten lassen, worauf fußen dann unsere Werte? Die Antwort liegt vermutlich in dem psychologischen Gemenge aus Kultur, Weltanschauung und Identität. Kultur ist laut dem Anthropologen Clifford Geertz die Gesamtheit der Geschichten, die wir uns über uns selbst erzählen. Diese Definition muss man erst mal sacken lassen und eventuell zweimal lesen. So ging es mir jedenfalls, als ich das erste Mal von ihr hörte. Kultur ist die Gesamtheit der Geschichten, die wir uns über uns selbst erzählen. Wenn wir das aufgreifen und weiterdenken, wäre meine Weltanschauung die Gesamtheit der Geschichten, die ich mir über die Welt erzähle. Und meine Identität würde bestimmt durch die Geschichten, die ich mir selbst über mich selbst erzähle.

Nach dieser Logik müsste man nur herausfinden, welche

Geschichten man sich tagein, tagaus eigentlich erzählt, und könnte dann daraus die impliziten Werte ableiten, die man in sich trägt.

In meiner Familie wird zum Beispiel über mich erzählt, und ich erzähle diese Geschichte mittlerweile oft weiter, dass ich als Kind stundenlang in meinem Zimmer saß und Geschichten angehört, gemalt oder gebastelt habe. Ich liebte diese Bastelstunden, in denen ich ganz für mich sein, etwas Schönes gestalten und trotzdem vor meiner Zimmertür die Geräusche meine Familie hören konnte. Diese Zeiten gehören zu meinen liebsten Kindheitserinnerungen und drücken etwas sehr Grundlegendes über mich aus: Offenbar waren mir bereits als Kind Kreativität und Ruhe wichtig. Die Tatsache, dass ich diese Geschichte noch immer über mich selbst erzähle, zeigt, dass mir diese oder ähnliche Werte auch heute noch wichtig sind.

Denk mal darüber nach: Welche Geschichten erzählst du immer wieder – über die Welt, deine Gemeinschaft (Freundeskreis, Firma etc.) und über dich selbst? Stell diese Frage auch jemandem, der dich gut kennt (und sich immer deine Geschichten anhören muss). Manchmal merkt man nämlich selbst gar nicht, wie oft man gewisse Geschichten erzählt.

Wie mein Beispiel zeigt, ist der Übergang zwischen Werten und Bedürfnissen fließend. Wo hören Werte auf, mit denen wir ja meist große abstrakte und vor allem noble Wörter wie Gerechtigkeit, Offenheit oder Zuverlässigkeit meinen, und wo fangen Bedürfnisse, Zeit für mich, tiefe Gespräche etc., an?

Eine schwierige Unterscheidung, die uns zurück zu der Frage führt, was Werte überhaupt sind.

Mein Standpunkt ist folgender: Es ist nicht wichtig, wie du Werte definierst, es ist nur wichtig, inwiefern sie dein Handeln leiten. Denn große, abstrakte Begriffe helfen dir unter Umständen im Alltag nicht weiter. Werte sind dann besonders nützlich, wenn sie breit genug und trotzdem so präzise sind, dass sie dir in möglichst vielen Lebenslagen als eine Art Kompass dienen.

Es geht also darum, «nach seinen Werten zu leben». Das hast du bestimmt schon einige Male gehört. Aber wie soll man das schaffen in einem Alltag, der aus allen möglichen Richtungen an einem zieht und zerrt? Mein Partner Ben hatte diesbezüglich eine kleine Krise. Es war Neujahrstag, wir gingen in Wien an der Donau entlang, die Sonne schien, und Ben hatte richtig schlechte Laune. Wie konnte es sein, dass er durch seine Promotion und seine Arbeit so viel über die richtigen Verhaltensweisen im Hinblick auf den Klimawandel wusste und es trotzdem nicht schaffte, sein Umweltbewusstsein konsequent zu leben? Unseren Alltag nach unseren Werten auszurichten ist nicht einfach. Manchmal kommen sich sogar unterschiedliche Werte in die Quere. Ben sollte gemäß seinem Wert Umweltbewusstsein möglichst wenig fliegen. Doch was ist, wenn ihm gleichzeitig die Werte Familie und Verantwortungsübernahme wichtig sind? Wie schafft er es dann, für seine weit entfernt lebende Familie da zu sein? Oder was ist, wenn im Job von ihm verlangt wird, zu fliegen, und seine Werte ebenfalls «Verlässlichkeit» oder «Harmonie» beinhalten? Was macht er dann? Fliegen oder nicht fliegen? Wie können wir mit solchen Wertekonflikten im Alltag umgehen? Wie priorisieren wir Werte, und wie stellen wir sicher, dass sozialer Druck uns nicht zu sehr in eine Richtung drängt?

Das sind große Fragen. Meine vermutlich ernüchternde

Antwort auf sie lautet: Das Streben nach einem Leben gemäß unseren Werten wird für jeden von uns ein Dauerzustand bleiben. Dafür sind wir als Menschen zu sehr von individuellen sozialen Gegebenheiten geleitet. Jede Entscheidung – ob im Job, beim Einkaufen oder in Freundschaften – zu einer bewussten Werteentscheidung zu machen, wäre zu viel verlangt. Du kannst in deinem Leben allerdings gewisse Wertepfeiler errichten, die dir dabei helfen, auf dem für dich richtigen Weg zu bleiben. Du kannst deine Angewohnheiten überprüfen und verändern. Du kannst bestimmte Dinge habitualisieren und automatisieren, beispielsweise Daueraufträge für Spenden einrichten. Du kannst bei großen Lebensentscheidungen deine Werte bewusst miteinbeziehen. Dafür solltest du allerdings immer wieder mit dir selbst aushandeln, welche Werte dir derzeit am wichtigsten sind. Denn Prioritäten können sich verändern. Wo in jungen Jahren «Familie» noch nicht ganz oben steht, kann das zu einem leitenden Wert werden, wenn Kinder oder alternde Angehörige ins Bild rücken.

Auch hier solltest du also deinen eigenen Drang nach Perfektion zurückstellen. Du musst kein tadelloses Leben nach deinen Werten führen. Aber du solltest dir bewusst sein, welche Werte du hast, welche dir derzeit am wichtigsten sind und inwiefern du so gut wie möglich nach ihnen leben kannst. Wie zuvor, geht es beim Thema Werte um bewusste Entscheidungen. Dabei kann dir die folgende Mosaik-Übung helfen:

 ÜBUNG

**Lebe ich nach meinen Werten?**

Schreibe dir eine Liste aus Werten auf, die mit dir räsonieren. Falls dir keine Werte einfallen, probiere mal das Gedankenexperiment aus dem oberen Kasten und versuche deine Werte durch Geschichten, die du immer wieder erzählst, zu entdecken. Alternativ kannst du dir auch eine Liste an Werten anschauen, die ich auf ninamartin.de/werte zusammengestellt habe, und dir passende Werte aussuchen. Zeichne dir eine Tabelle, wie in der Illustration unten gezeigt, und schreibe deine Werte untereinander in die linke Spalte. Rechts von jedem Wert notierst du eine kurze Beschreibung der Situation, in der du das letzte Mal nach diesem Wert gelebt hast. Nimm dir dafür maximal zehn Minuten Zeit. Es geht nicht darum, zu jedem Wert eine bereits erlebte Situation aufzuschreiben.

Sobald die zehn Minuten um sind oder du keine Ideen mehr hast, führe eine kurze Reflexion durch: Bei welchen Werten ist es dir am schwersten gefallen, eine Situation zu finden, in der du nach genau diesen Werten gehandelt hast? An welchen Punkten bist du unzufrieden? Gibt es vielleicht sogar Werte, bei denen dir Situationen eingefallen sind, in denen du *entgegen* diesen Werten gehandelt hast? Was stört dich an deiner *gelebten* Wertepriorisierung? Entspricht sie deiner *inneren* Ausrichtung?

Picke die Werte heraus, bei denen du den Drang verspürst, sie stärker in deinem Leben zu verankern. Jetzt kannst du die letzte Spalte deiner Tabelle für genau diese

Werte ausfüllen: Welche Mikro-Erfahrungen könntest du sammeln, um diese Werte mehr in deinen Alltag einfließen zu lassen? Bei welchen Handlungen könntest du demnächst mehr auf deine Werte achten? Ein Beispiel findest du in der Illustration.

Im letzten Schritt setzt du diese Mikro-Erfahrungen in deinem Leben um und reflektierst deine Tabelle oder dein Werte-Mosaik nach einem Zeitraum von maximal zwei Monaten (Tipp: Trage dir den Reflexionstermin in deinem Kalender ein).

| WERT | ERLEBTE SITUATION | MIKRO-ERFAHRUNG |
|---|---|---|
| HARMONIE | | |
| TIEFE | TIEFES, PERSÖNLICHES GESPRÄCH MIT M. LETZTEN MONTAG | |
| EHRGEIZ | | |
| ZUVERLÄSSIGKEIT | ERINNERUNGSAPP FÜR AUFGABEN UND GEBURTSTAGE INSTALLIERT | |
| SELBSTBESTIMMUNG | | |
| UMWELTBEWUSSTSEIN | ZUG STATT FLUG GENOMMEN BEIM LETZTEN URLAUB | EINE WOCHE VEGAN LEBEN |

## Frage 2
## Was ist meine Vision?

«Wer Visionen hat, sollte zum Arzt gehen.» Das hat der ehemalige deutsche Bundeskanzler Helmut Schmidt mal gesagt. Später gab er in einem Gespräch mit der ZEIT an, dass es eine «pampige Antwort auf eine dusselige Frage» gewesen sei. Die

Frage, die ihm ein Journalist vor all diesen Jahrzehnten gestellt hatte, lautete: «Wo ist Ihre große Vision?» Heutzutage würde sich vermutlich niemand im Politikbetrieb trauen, eine Antwort wie Helmut Schmidt zu geben. Dasselbe gilt für Führungspersonen im Privatsektor. Man muss sich nur Bill Gates oder Elon Musk anschauen, und schon weiß man: Wer erfolgreich sein will, braucht Visionen.

Auch ich würde unterschreiben, dass wir besonders in der heutigen Zeit Visionen brauchen, am besten positive. Wir sind umgeben von immer realer werdenden Dystopien. Es geht um Maschinen, die die Welt beherrschen, um die Rückkehr des Totalitarismus oder um eine neue Zweiklassengesellschaft – um nur ein paar dieser Schreckensszenarien zu nennen. Das Interessante an der menschlichen Psyche ist jedoch, dass wir weniger gern auf negative Dinge reagieren, die es zu verhindern gilt, als auf positive Dinge, die wir erreichen möchten. Konkret: Der Aufruf «Mach mehr Sport, damit du nicht krank wirst» kann viel weniger aktivierend sein als die Aufforderung «Mach mehr Sport, um dich fit zu fühlen». Das liegt daran, dass uns negative Zukunftsbilder lähmen können und wir ziemlich gut darin sind, sie auszublenden.

Auch als Individuum brauchen wir positive Visionen für unser Leben. Visionen geben uns ein Ziel. Etwas, nach dem wir unser Leben ausrichten können. Visionen sind dabei fassbarer als Werte: Sie sind Zielbilder, die wir uns vorstellen können, die in der Zukunft liegen, uns ideal erscheinen, und eventuell gerade deshalb außer Reichweite sind.

«Aha», wirst du dir jetzt vielleicht denken, «das klingt aber schon sehr nach Masterplan. Geht es in diesem Buch nicht darum, dass man sich von dem Masterplan verabschieden sollte?» Ja. Man sollte sich von einem Masterplan verabschieden, der linear verläuft und strikt festgelegt ist. Also: Wir sollten uns verabschieden von Denkmustern wie: «In 30 Jahren werde ich Position x bekleiden, diesen Job 15 Jahre ausüben und dann in Rente gehen. Um da hinzukommen, muss ich einem strikten Karriereweg folgen, und zwar nach einem genau festgelegten Zeitplan.» Warum diese Masterpläne heute nicht mehr funktionieren, haben wir ja schon erörtert.

Visionen hingegen sind fluide Vorstellungen. Sie sind eben kein konkret zu erreichender Zielzustand, sondern geben vielmehr eine grobe Richtung vor, die sich auch wieder ändern darf. Du behältst dir selbst die Freiheit und Flexibilität vor, deine Vision anzupassen, zu verändern oder sogar komplett aufzugeben.

Eine positive Vision kann dich im Leben motivieren. Sie kann dir etwas geben, für das sich das Leben lohnt. Der Mensch ist ein ausgesprochen zukunftsbezogenes Lebewesen. Wir sind konstant damit beschäftigt, was zukünftig geschehen wird, und richten danach unsere Handlungen im Jetzt aus. Der Vorteil einer persönlichen Vision ist also, dass du dich bei jeder Entscheidung fragen kannst: Bringt dich das deiner Vision näher? Fühlt sich das gut an, im Hinblick auf deine Vision?

Das Gefühl, ein Leben zu führen, das in eine gute, positive Richtung verläuft, ist äußerst befriedigend. Aber einen Masterplan mit starr festgelegten Etappenzielen brauchst du dafür nicht. Du solltest einzig eine grobe Wunschvorstellung haben, die sich jederzeit an dein Leben und deine eigenen Wünsche anpassen lässt. Das allein kann Vorfreude bewirken, die ihrerseits einiges zu deiner Lebensqualität beiträgt.

Dazu eine kleine Anekdote von einem Friedhofsspaziergang, den ich vor einiger Zeit mit einem Freund unternahm. (Ich kann Spaziergänge über Friedhöfe sehr empfehlen.) Während wir durch die Reihen der Gräber wanderten, philosophierten wir über die Frage nach dem besten Todeszeitpunkt: Meiner Meinung nach ist der beste Moment zu sterben einer, an dem man sich noch auf die Zukunft freut, also noch immer Visionen hat. Ein bisschen nach dem Motto: Man sollte gehen, wenn es am schönsten ist. Denn wenn man nichts mehr hat, auf das man sich freuen kann, verbringt man dann seine letzten Tage nicht ohne Freude? Ist man in diesem Fall nicht zu spät gestorben? Ich weiß, diese Sicht ist vermutlich etwas radikal, sie hat mir auch mindestens eine halbe Stunde schlechte Laune seitens des Freundes eingebracht, mit dem ich unterwegs war. Aber unterm Strich will ich damit Folgendes sagen: Bei Visionen geht es nicht nur um das Glück in der Zukunft. Es geht auch um das Glück im Jetzt. Denn die Vorstellung einer glücklichen Zukunft kann uns ein glückliches Jetzt bescheren.

Wenn man nun also seine eigene Vision für die nächsten Jahre definieren möchte, wie kann man vorgehen? Hier ein Vorschlag.

 ÜBUNG

**Was ist meine Vision?**

Eine Vision für sich zu finden, ist kein einfacher oder kurzer Prozess. Lass uns trotzdem einfach mit einer Übung anfangen, die du dann anschließend auf dich wirken lassen kannst. Zeichne ein Bild, das dich selbst in 10 Jahren darstellt. Wie siehst du aus? Was hältst du in der Hand? Was und wer umgibt dich? Was sagst du? All diese Fragen und mehr kannst du in deinem Bild beantworten, wenn du willst. Auch hier gilt wieder: Vertraue deinem Bauchgefühl. Es gibt kein Richtig und Falsch. Die Ausrede «Ich bin aber doch künstlerisch total unbegabt» gilt heute leider auch nicht – leg einfach los.

Falls du nicht weiterkommst, kehre zu den oben gestellten Fragen zurück. Du kannst auch gerne einen Spaziergang mit deinem Bild machen oder es einer Person zeigen, der du vertraust. Sobald man das Bild jemand anderem beschreibt, entdeckt man oft darunter aufscheinende Gedanken, die zuvor noch nicht so klar waren. Als Inspiration für dein Visionsbild kannst du natürlich auch deine bisher gezeichneten Wunsch-Mosaike nutzen, sie weiterdenken und in ein szenisches Bild übersetzen.

Sobald du ein Gefühl für dein Bild entwickelt hast, stell dir vor, dass dein Bild in einer Ausstellung gezeigt werden soll. Dafür braucht es selbstverständlich einen Titel. Was wäre ein passender Titel für dein Visionsbild? Das kann ein einzelnes Wort oder ein Satz sein – wichtig ist nur, dass der Titel dich selbst in der gewünschten Zukunft beschreibt. Es bietet sich etwas Folgendes an: «Ich bin der / die _____ (beschreibender Titel für dich selbst), die / der _____ (noch näher beschreibender Nachsatz)». Hier ist einzig und allein wichtig, dass *du* dich mit dem Titel wohlfühlst. Er sollte sich intuitiv richtig und leitend für dich anfühlen. Der Titel meines eigenen Visionsbilds lautet derzeit übrigens «Erlebniskuratorin». Dieser Titel trifft für mich etwas, das sich richtig anfühlt, aber nicht zu einengend ist: Ich kann Erlebnisse gestalten, indem ich Coach, Schriftstellerin, Workshopmoderatorin, Mutter, Designerin und so weiter und so fort werde. Was ich genau mache, ist noch komplett offen – die Richtung allerdings fühlt sich passend an.

## Frage 3
## Wie finde ich Erfüllung?

Ich weiß noch ganz genau, wie meine Mutter mir und meinem Bruder Ende der 90er Jahre erzählte, dass unser Opa gestorben war. Sie ließ uns beide ganz langsam bis 81 zählen und sagte dann: «Das war doch jetzt richtig lange, oder? So viele Jahre hat Opa gelebt.» Und wenig später sagte sie dann noch: «Er hat ein langes und erfülltes Leben gehabt.» Als mein anderer Opa starb, hörte ich den Satz wieder – diesmal von meiner Tante. Als wäre das Sterben etwas, das in Ordnung und verdient war, solange man eben ein *erfülltes* Leben gehabt hatte. Was genau denn ein erfülltes Leben sein sollte, erklärte mir damals niemand, und ich glaube, ich habe auch nicht danach gefragt. Das Wort «erfüllt» klingt nach etwas, das «voll» ist. Ein volles Leben. Bis zum Rand gefüllt. Aber mit was denn eigentlich? Mit Glück? Mit Sinn? Und wenn das der Zustand ist, den man erreichen muss, um verdient sterben zu können, sollte ich dann nicht wissen, worum es hier ging?

Offen gestanden: Ich bin mir noch immer nicht sicher, was Erfüllung eigentlich ist. Mittlerweile bin ich der Meinung, dass es zwei Arten von Erfüllung gibt. Die erste ist die Erfüllung des Lebens, am Ende sagen zu können: «Ich hatte ein erfülltes Leben.» Die zweite bezieht sich auf eine Erfüllung in einzelnen Lebenslagen. Viele Menschen suchen diese zum Beispiel im Job. Sie möchten sagen können: «Mein Job, meine Familie etc. erfüllt mich.»

Widmen wir uns zunächst der ersten Art der Erfüllung. Was macht ein erfülltes Leben aus? Schon wieder eine große Frage mit vielen möglichen Antworten. Aber wenn man sich noch einmal den Stamm des Wortes anschaut, könnte man vermuten, dass Erfüllung in diesem Sinne ein Leben bezeichnet, das vollgepackt ist mit herausragenden Erlebnissen, die möglichst engmaschig aufeinanderfolgen. Heißt das, wir müssen nun alle wie verrückt neue Abenteuer erleben, um die Spardose unseres Lebens mit immer weiteren Erinnerungen zu füllen? Diese Frage lässt mich an Menschen denken, die oft ein wenig abfällig als «Adrenalin-Junkies» bezeichnet werden. Sie müssen immer mehr und immer extremere Dinge erleben, um sich lebendig zu fühlen. Aber verlieren die einzelnen Erlebnisse nicht auch ihren Wert, wenn wir zu viel erleben und uns keine Zeit zur Reflexion nehmen? Unser Gehirn ist ziemlich gut darin, Dinge auszufiltern, die wir bereits kennen. Würde unser Gehirn nicht über diese Fähigkeit verfügen, hätten wir mit einer ständigen Reizüberflutung zu kämpfen. Wir erleben und erinnern uns also besonders bewusst an Momente, die anders sind, die neu sind. Wenn wir nun aber ständig neue Dinge erleben, wird das Neue zum Alten. Und wenn wir nur immer dasselbe erleben, dann schrumpft die Fülle unserer bewussten Erfahrungen, und damit nimmt eventuell auch der Erfüllungsgrad unseres Lebens ab. Wenn wir an die Erfahrungen zurückdenken, die wir im Rahmen der Mosaik-Methode machen, dann zeigt sich auch hier: Der Schlüssel liegt im *bewussten* Sammeln neuer Erfahrungen, in der Qualität und nicht der Quantität, die wir durch eine *bewusste* Reflexion sicherstellen.

Ist ein erfülltes Leben also eines, das angefüllt ist mit neuen, aber eben auch bewussten Erfahrungen? Also in etwa wie in der Illustration auf der folgenden Seite.

In diesem Fall liegt einmal mehr das Problem mit der 3-Phasen-Biographie unserer Eltern auf der Hand. Ein älterer Freund sagte neulich Folgendes zu mir: «Die Jahre bis 35 habe ich viel erlebt. Zwischen 35 und 60 dann nichts mehr. Da habe ich immer in derselben Arztpraxis gearbeitet. Ich habe mein Fahrrad immer an denselben Platz im Hof gestellt, bin immer

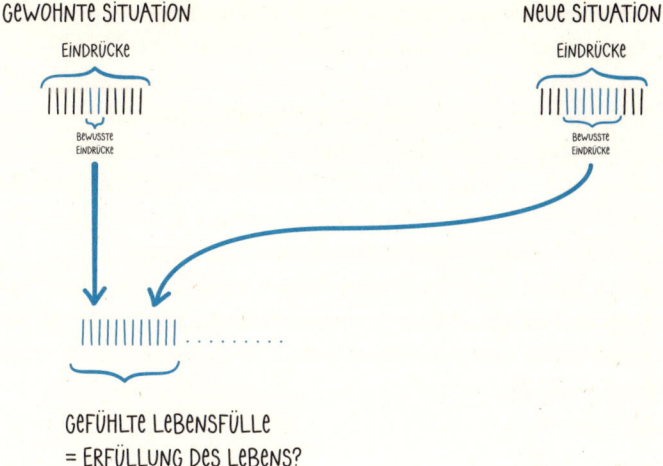

GEWOHNTE SITUATION

EINDRÜCKE

BEWUSSTE
EINDRÜCKE

NEUE SITUATION

EINDRÜCKE

BEWUSSTE
EINDRÜCKE

GEFÜHLTE LEBENSFÜLLE
= ERFÜLLUNG DES LEBENS?

dieselben Stufen hochgelaufen. Ich fühle mich heute noch so wie mit 35, und trotzdem soll die Lebenszeit vor mir jetzt so viel kürzer sein als früher. Die Jahre in der Mitte des Lebens ziehen so schnell vorüber.»

Ich frage mich: Was wäre gewesen, wenn dieser Freund eben nicht nach einem linearen 3-Phasen-Modell gelebt hätte? Was wäre gewesen, wenn er seine lange Berufszeit immer wieder unterbrochen oder verändert hätte? Kämen ihm die Jahre dann jetzt länger vor? Und ist das überhaupt ein gutes Ziel – so viele Erinnerungen wie möglich? Wäre er dann wirklich zufriedener?

Hier gehen wir über zur zweiten Art der Erfüllung – Erfüllung in einzelnen Lebenslagen. Hat sich mein älterer Freund in den Jahren der Arbeit in der Arztpraxis «erfüllt» gefühlt?

Diese Art der Erfüllung scheint mir nahe mit den anderen beiden Themen dieses Kapitels verwandt zu sein – also mit einem Leben nach den eigenen Werten, einem Leben, das auf eine Vision ausgerichtet ist. Es hat also viel mit einem als sinnhaft empfundenen Leben zu tun. Doch Erfüllung ist sogar noch mehr als das: Man fühlt sich in einer Lebenslage dann besonders erfüllt, wenn man Zufriedenheit und sogar Freude empfindet durch die Dinge, die man tut. Seien es Phasen des «Flows» beim Arbeiten oder die Euphorie des Verliebtseins während eines Dates – diese emotionalen Zustände können ebenfalls zur Erfüllung beitragen. Es geht dabei also auch um die konkreten Gefühle, die wir in bestimmten Lebenslagen verspüren. Tue ich in meinem Leben also Dinge, die mich glücklich machen, die meinen Werten entsprechen und mich meiner Vision näher bringen, fühle ich mich in der derzeitigen Lebensphase «erfüllt».

Ich habe diese Überlegungen in einer «Erfüllungspyramide» visualisiert.

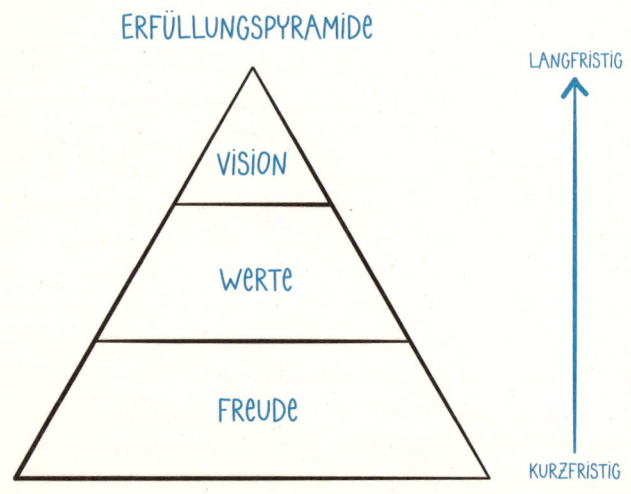

Bei den Dingen, die uns erfüllen, gibt es also eine Art Hierarchie: Es gibt Tätigkeiten und Erlebnisse, die uns Freude bereiten und uns dadurch kurzfristig erfüllen. Und dann gibt es

Tätigkeiten und Erlebnisse, die zusätzlich noch unseren Werten entsprechen und unser Leben so bereichern. An der Spitze der Pyramide steht die Erfüllung, die wir im Leben verspüren können, wenn die Dinge, die wir tun, auch noch auf unsere ganz persönliche Vision einzahlen. Im Idealfall erreichen wir dieses Level an langfristiger Erfüllung in unserem Leben.

Ein gängiger Fehler besteht jedoch darin, die komplette Erfüllung in nur einem Lebensbereich, z. B. dem Job, zu suchen. Ich habe einen Magneten geschenkt bekommen, der jetzt an meinem Kühlschrank hängt und auf dem steht «Irgendwas ist immer». Ja, genau. Irgendwas ist immer. Im Job allemal. Entweder sind die Kollegen langweilig, das Essen ist schlecht, die Chefin ist kontrollierend, die Aufgaben sind eintönig, es ist zu viel zu tun, zu wenig oder sonst irgendwas. Auf alle Fälle: Irgendwas ist immer. Kann ich also wirklich von einem Job meine Erfüllung abhängig machen? Ich glaube, dass es ratsamer ist, Erfüllung in allen Lebensbereichen gleichzeitig zu suchen. Also ganz nach dem Prinzip der Mosaik-Methode: Zurücktreten und das Leben als Ganzes betrachten. Um das zu tun, kannst du die folgende Übung ausprobieren:

 ÜBUNG

Ein kurzes Vorwort zu dieser Übung: Dies ist die letzte Mosaik-Übung, die ich dir in diesem Buch zeige, danach kommt nur noch unsere 2-Wochen-Challenge, deren Elemente dir allerdings bekannt vorkommen sollten. Vielleicht ist dir bereits aufgefallen, dass die Komplexität der Übungen im zweiten Teil dieses Buches langsam angestiegen ist. Diese letzte Übung beruht auf den vorangegangenen Übungen und ist darum am erfolgversprechendsten, wenn du sie erst im Anschluss an andere Übungen durchführst. Selbstverständlich kannst du sie aber jederzeit ausprobieren und als ersten Anstoß zur Reflexion nutzen. So viel also vorweg – hier kommt die Übung:

Nimm dir dein Status-quo-Mosaik zur Hand, das du zuvor gezeichnet hast. Schau dir die einzelnen Mosaiksteine (Lebensbereiche) an und liste sie auf einem neuen Blatt Papier auf. Auch dieses Mal arbeiten wir mit einer Tabelle, die du nach dem Vorbild der Illustration unten aufzeichnen kannst: Links stehen deine Lebensbereiche, und die Spalten rechts davon beschriftest du mit «Freude», «Werte» und «Vision». Jetzt geht es für jeden deiner Lebensbereiche um die Fragen: Inwiefern bereitet dir das Erleben des jeweiligen Lebensbereichs derzeit Freude? Inwiefern entspricht er derzeit deinen Werten? Inwiefern trägt er derzeit zur Erfüllung deiner Vision bei? Die Beantwortung der Fragen notierst du für jeden Lebensbereich einzeln in Form von Zahlen in deiner Tabelle: Eine 0 trägst du ein, wenn deine Antwort «gar nicht» lautet, und eine 10, wenn du «absolut und vollkommen» sagen würdest.

|  | FREUDE | WERTE | VISION |
| --- | --- | --- | --- |
| FAMILIE | 7 | 8 | 8 |
| JOB | 5 | 3 | 2 |
| FREUNDSCHAFTEN | 8 | 6 | 8 |
| HOBBY | 8 | 6 | 6 |

Wie im Beispiel kannst du nach deiner Einschätzung Zahlen markieren, die dir zu niedrig erscheinen oder bei denen du positives Veränderungspotenzial siehst – also Zahlen, bei denen du das Gefühl hast, dass da noch mehr geht. Es kann sein, dass dieses Gefühl gerade noch etwas diffus ist. Nach dem Motto: «Da geht noch mehr, aber wie denn bloß?» Um das herauszufinden, hilft es, sich die Frage nach dem Warum zu beantworten: Warum hast du diesem Lebensbereich eine so niedrige Zahl gegeben? Dafür kannst du deine Gedanken aufschreiben oder sie einer anderen Person erzählen. Das kann helfen, dein diffuses Bauchgefühl fassbar zu machen. Im Beispiel hat die Person im Lebensbereich Freundschaften 6 Punkte für Werte vergeben und festgestellt, dass ihr das zu wenig ist. Offenbar stimmen die Freundschaften hier also nicht ganz mit den Werten überein. Das Warum hinter der Sache: Für die Person in unserem Beispiel ist Zuverlässigkeit ein wichtiger Wert, sie lässt aber immer wieder den Kontakt zu Menschen schleifen, die ihr eigentlich wichtig sind. Sie kann sich also die Frage stellen: Wie schaffe ich es, in der Kommunikation mit meinem Freundeskreis zuverlässiger zu werden? Dir fällt bestimmt auf, dass wir hier bei einer sehr konkreten Frage sind, für die man im Anschluss Mikro-Erfahrungen sammeln könnte. Genau so funktioniert die Methode: Sobald du festgestellt hast, welche Lebensbereiche dich noch nicht so erfüllen, wie sie es potenziell könnten, stellst du Hypothesen auf, woran das liegen könnte, und testest sie durch Mikro-Erfahrungen. Wenn du hierfür Unterstützung brauchst, sieh dir gern noch mal die Tipps in Kapitel 4 an. Und als letzte Empfehlung: Ungefähr zwei Monate später trägst du dir eine Reflexion in den Kalender ein und fragst dich: «Bin ich auf dem Weg in ein erfüllteres Leben?»

# TEIL 3

# Was jetzt kommen muss

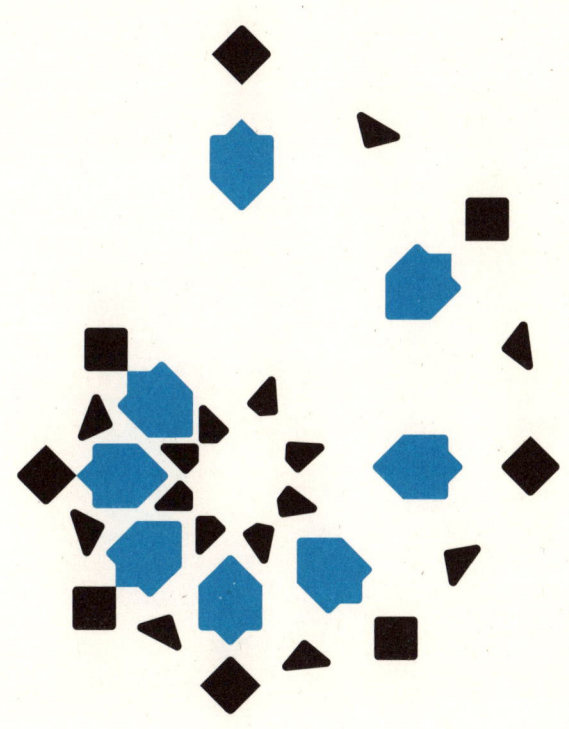

«Denn alles, was geschieht, muss zunächst einmal
in der Phantasie eines Menschen Gestalt annehmen,
wie sonst sollte es entstehen?»
*Das entschwundene Land* von Astrid Lindgren

Wir haben über die Mosaik-Methode als neue, zeitgemäße Methode zur Lebensführung gesprochen. Wir haben mit Hilfe des Mosaiks ein paar Übungen entdeckt, die dir helfen können, die großen Fragen deines Lebens zu beantworten. Und jetzt?

Jetzt gilt es erstens das Gelernte umzusetzen und zweitens noch einmal den berühmten Schritt zurück zu machen und auch die Mosaik-Methode in einen weiteren Kontext zu setzen. Das folgende Kapitel stellt dir eine konkrete 2-Wochen-Challenge vor, die dich durch ein erstes, tägliches Ausprobieren der neuen Methode zur Lebensführung leiten kann. Das Nachwort dieses Buches stellt die Frage: Jetzt haben wir eine neue Methode zur Lebensführung für uns kennengelernt, aber was sollte und muss sich in unserer unberechenbaren Welt auf gesellschaftlicher Ebene ändern, damit wir eine Zukunft ohne Masterplan gestalten können?

Denn dass jetzt etwas kommen muss, das steht fest.

# KAPITEL 8

# Die 2-Wochen-Mosaik-Challenge

Willkommen zur 2-Wochen-Mosaik-Challenge. Lässt du dich auf diese Herausforderung ein, kannst du in einem überschaubaren Zeitrahmen die Mosaik-Methode konzentriert ausprobieren und in dein Leben integrieren. Aber warum jetzt noch einmal eine solche Challenge, wo das gesamte Buch ja bereits gespickt ist mit praktischen Übungen? Lass es mich so sagen: Die einzelnen Mosaik-Übungen konsequent durchzuführen ist gar nicht so leicht. Und das liegt nicht daran, dass die Übungen uns so viel abverlangen, sondern dass wir oft gegen einen inneren Schweinehund ankämpfen müssen, der es uns schwer macht, jedes Mal wieder von Neuem die Energie für eine Mosaik-Übung aufzubringen. Das kenne ich von mir selber und habe es in vielen Coachings erlebt. Vielleicht bist du bislang vor den Übungen zurückgeschreckt und hast mit mehr oder weniger schlechtem Gewissen einfach weitergeblättert. Vielleicht hattest du auch nie vor, eine der Übungen wirklich auszuprobieren, sondern hast dieses Buch einfach nur gelesen, weil dich das Thema interessiert hat. Oder aber, du hast schon einige Übungen gemacht, fragst dich aber, wie du die Mosaik-Methode langfristig in deinen Alltag einbauen kannst.

Was auch immer es ist, hier kommt deine Chance, die Mosaik-Methode in zwei Wochen auf dein Leben anzuwenden. Wenn du noch einen letzten Anstoß brauchst, dann findest du im Kasten eine Liste, warum die 2-Wochen-Mosaik-Challenge das Richtige für dich sein könnte.

Die 2-Wochen-Mosaik-Challenge ist das Richtige für dich, wenn du:

- bislang vor neuen Mikro-Erfahrungen zurückgeschreckt bist und die Methode lieber ohne längerfristige Verpflichtungen ausprobieren möchtest;
- nicht sicher bist, wie du die Mosaik-Methode und etwaige Mikro-Erfahrungen in deinen Alltag integrieren sollst;
- Lust hast, zwei Wochen lang jeden Tag darüber nachzudenken, wie du dein Leben so gestalten kannst, wie du es wirklich willst;
- einen regelmäßigen Rhythmus für deine Reflexionen etablieren willst;
- dir jeden Tag ca. 3 Minuten Zeit nehmen möchtest, um eine kurze Reflexion durchzuführen.

Wenn du dich in einem (oder mehreren) dieser Punkte wiedererkannt hast, dann lies weiter. Die 2-Wochen-Mosaik-Challenge könnte etwas für dich sein.

Aber worum soll es bei der Challenge überhaupt gehen? Fangen wir beim Ende an, nämlich bei dem, was du nach der Challenge erreicht haben wirst:

*Nach den zwei Wochen weißt du, inwiefern du dein Leben verändern möchtest, hast erste Mikro-Erfahrungen gemacht und deine Planungstabelle ausgefüllt, um nach der Challenge (wenn du möchtest) größere Veränderungen anzustoßen.*

Die Challenge ist also eine Art Einstieg in die Umsetzung der Mosaik-Methode in deinem Leben.

Bleibt noch zu klären, wie die ganze Sache nun über die nächsten zwei Wochen ablaufen soll. Die Zeitspanne, über die sich die Challenge erstreckt, umfasst exakt 14 Tage. Am ersten und am letzten Tag der Challenge gibt es eine größere Reflexion, in den Tagen dazwischen wirst du Mikro-Erfahrungen sammeln und diese Tag für Tag in einer etwa 3-minütigen Reflexion aufarbeiten. Bestenfalls fällt der erste Tag auf einen Sonntag und der letzte auf einen Samstag (durch die 14 Tage geht das genau auf). So hast du am Wochenende genügend Zeit und Raum für deine größeren Reflexionen. An den restlichen Tagen brauchst du nur einen kurzen Moment am Morgen oder am Abend.

## Der Ablauf der Challenge, Tag für Tag

### Tag 1

An diesem Tag durchläufst du den regulären Mosaikprozess: Status-quo-Mosaik, Wunsch-Mosaik und Sammlung der Mikro-Erfahrungen. Lass dir dafür gerne Zeit und lege Pausen zwischen den einzelnen Schritten ein. Ein Spaziergang oder schlicht eine Tasse Kaffee können manchmal sehr guttun!

- Zeichne dein jetziges Lebens-Mosaik, falls du es nicht schon im Laufe dieses Buches getan hast. Wenn du dir nicht ganz sicher bist, worauf du beim Zeichnen und Nachdenken achten solltest, dann schau in Kapitel 4 vorbei. Dort ist alles genau beschrieben.
- Als Nächstes zeichnest du dein Wunsch-Mosaik, auch hierzu findest du Erklärungen und Tipps in Kapitel 4.
- Sobald du beide Mosaike gezeichnet hast, reflektierst du, welche Unterschiede zwischen den beiden Mosaiken deutlich werden. Suche dir maximal zwei Mosaiksteine aus, die du in den kommenden zwei Wochen verändern möchtest – also von ihrem Status quo in Richtung deines Wunsch-Mosaik-Steins.
- Bei diesem/n Mosaikstein/en gehst du in die Tiefe: Woran könnte es liegen, dass sie heute noch nicht die Form, Größe oder Position haben, die du dir wünschen würdest? Wie könntest du das konkret verändern?
- Notiere dir deine möglichen Mikro-Erfahrungen (siehe Kapitel 4). Du musst hier noch nichts planen und auch nicht überlegen, ob diese Mikro-Erfahrungen in den nächsten zwei Wochen umsetzbar sind. Es geht um eine reine Ideensammlung. Wichtig ist nur, dass die Mikro-Erfahrungen möglichst klein und genau abgesteckt sind. Hier ein paar Inspirationen:
  - ◆ Dein Familienstein soll größer werden? Warum nicht mal am Feierabend deinen Vater anrufen?
  - ◆ Dein Sportstein soll größer werden? Warum nicht mal nachschauen, ob dein Fahrrad funktionstüchtig ist?

◆ Dein Haushaltsstein soll kleiner werden? Warum nicht mal bei Freunden nachfragen, wie die ihre Einkäufe regeln?

▪ Wenn du deine Mosaike gezeichnet und erste Ideen für Mikro-Erfahrungen aufgeschrieben hast, geht es an die Vorbereitung der nächsten zwei Wochen. Zeichne folgende Tabelle auf ein möglichst großes Blatt:

| TAG | MIKRO-ERFAHRUNG, DIE ICH MACHEN KANN | DIESEN LEBENSSTEIN GEHE ICH DAMIT AN | SO LIEF'S | SO MACHE ICH MIT DER ERFAHRUNG WEITER |
|---|---|---|---|---|
| 2 | | | | |
| 3 | | | | |
| 4 | | | | |
| 5 | | | | |
| 6 | | | | |
| 7 | | | | |
| 8 | | | | |
| 9 | | | | |
| 10 | | | | |
| 11 | | | | |
| 12 | | | | |
| 13 | | | | |

▪ Jetzt kannst du bereits die erste Zelle deiner Tabelle ausfüllen: ganz oben links neben der 2 und unter «Mikro-Erfahrung, die ich machen kann». Tag zwei ist natürlich der morgige Tag. Was hast du morgen vor? Welche Mikro-Erfahrung von deiner Liste lässt sich ohne Probleme in deinen Tag integrieren? Diese Mikro-Erfahrung trägst du in der ersten Spalte für Tag 2 ein. Für die anderen Tage trägst du vorerst noch keine Mikro-Erfahrungen ein. In die zweite Spalte schreibst du für Tag 2, auf welchen Stein aus deinem Lebens-Mosaik sich diese Mikro-Erfahrung bezieht, falls du dir mehrere Steine ausgesucht hast. Die letzten beiden Spalten lässt du frei, die kannst du erst ausfüllen, sobald du deine Mikro-Erfahrung gemacht hast.

- Entscheide, in welchem Rhythmus du in den kommenden Tagen deine Challenge-Tabelle ausfüllen möchtest: morgens die zwei linken Spalten und abends die beiden rechten Spalten für den jeweils heutigen Tag? Nur morgens die beiden rechten Spalten für den vergangenen Tag und die beiden linken Spalten für den heutigen Tag? Nur abends die beiden rechten Spalten zur Reflexion des heutigen Tages und die beiden linken für den morgigen Tag? Wie auch immer du dich entscheidest, überlege dir, wie du sicherstellen willst, dass du die täglichen Reflexionen auch wirklich machst. Einen Tipp dazu findest du im folgenden Kasten.

### Habit Stacking

*Habit Stacking* ist ein von Brian Jeffrey Fogg entwickeltes Prinzip, nach dem man neue Gewohnheiten an bereits bestehende Gewohnheiten im eigenen Leben knüpft. Konkret heißt das für dich: Wie kannst du das tägliche Ausfüllen deiner Challenge-Liste so in deine Routine integrieren, dass sie zum selbstverständlichen Teil des Ablaufs wird? Hier ein paar Beispiele: Ein Teilnehmer meiner Coaching-Sitzungen hat sich die Tabelle und seine Liste der gebrainstormten Mikro-Erfahrungen mitsamt Stift an den Kühlschrank gehängt. Wenn er jetzt morgens darauf wartet, dass der Kaffee kocht, füllt er die Liste aus. Ein anderer hat sich die Liste neben seine Nachttischlampe gelegt. Wenn er abends ins Bett geht, gehört das Ausfüllen der Liste zu seinem Abendritual.

## Tag 2 bis 13

Jetzt geht es jeden Tag darum, die Tabelle weiter auszufüllen.

- In die beiden rechten Spalten trägst du deine Reflexion der gemachten Mikro-Erfahrungen ein. Wie lief die Erfahrung? Hier reicht ein Wort oder ein Satz, je nachdem, wie du möchtest. In der äußersten Spalte gehst du wieder in den Brainstorming-Modus: Wie könntest du die Erfahrung ausbauen, falls sie gut lief, oder eine Alternative für die Erfahrung finden, falls sie schlecht lief?
- Ein Beispiel: Du hast deinen Vater angerufen, weil dein Familienstein größer werden soll, und ihr hattet ein schönes Gespräch? Dann könntest du dir regelmäßige Erinnerungen in den Kalender stellen, um ihn auch in Zukunft öfter anzurufen. Oder aber du lädst ihn auf einen Besuch ein.
- Diese neuen Ideen musst du übrigens nicht binnen deiner 2-Wochen-Mosaik-Challenge in die Tat umsetzen, obwohl du das natürlich machen kannst. Die rechte Spalte dient eher als eine erneute Ideensammlung, die du als Inspiration verwenden kannst.
- An jedem Tag füllst du natürlich auch die beiden linken Spalten aus. Es geht dabei um die Planung einer Mikro-Erfahrung, die in deinen jeweils anstehenden Tag passt, wie schon an Tag 1.

## Tag 14

Der letzte Tag der Challenge ist erreicht. Es ist also Zeit für die Abschlussreflexion. Hat sich dein Lebens-Mosaik schon leicht verändert? Wie möchtest du nach der Challenge weiter-machen? Das sind die Fragen, die du an Tag 14 klären solltest. Dazu kannst du folgendermaßen vorgehen:

- Zeichne abermals dein Status-quo-Mosaik. Sieht es bereits anders aus als zu Beginn der 2-Wochen-Mosaik-Challenge? Inwiefern bist du deinem gewünschten Mosaik näher gekommen oder vielleicht auch nicht? Versuche hier nicht zu hohe Erwartungen anzusetzen – immerhin sind nur zwei Wochen vergangen.
- Vervollständige für dich die drei folgenden Reflexions-sätze:
  - «Wenn ich an die vergangenen zwei Wochen denke, fühle ich _____»
  - «Mein Mosaik hat sich insofern verändert, als dass _____»
  - «Nach der Challenge möchte ich Folgendes beibe-halten: _____»
- Falls du auch nach der Challenge weiter auf dein Wunsch-Mosaik hinarbeiten willst, lege dir eine länger-fristige Planungstabelle für die Zeit nach der Challenge an. Die Vorlage und ein paar Tipps findest du ebenfalls in Kapitel 4. Welche Mikro-Erfahrungen möchtest du in der nächsten Zeit sammeln, und wann nimmst du sie dir konkret vor? Fülle die Tabelle entsprechend aus und trage dir feste Daten in deinen Kalender ein.
- Zuletzt legst du dich noch auf ein Datum fest, an dem du das nächste Mal dein Lebens-Mosaik reflektieren möchtest. Für den Anfang empfehle ich dir eine viertel-jährliche Reflexion, also alle drei Monate. Trage dir den genauen Termin für deine nächste Mosaikreflexion im Kalender ein, damit du sie nicht vergisst.

Geschafft! Das war die 2-Wochen-Challenge der Mosaik-Methode. Falls du sie komplett absolviert hast: Herzlichen Glückwunsch! Falls du gerade nur schnell den Text überflogen hast, um herauszufinden, was dich erwartet: Los geht's!

Falls du ab und an mal feststecken solltest und dir nicht sicher bist, wie du nun weitermachen kannst, habe ich dir einen Coachingbaum angelegt: Einen Entscheidungsbaum, den du zu Rate ziehen kannst, wenn du Fragen hast, und der dir die Antworten geben wird, die ich dir vermutlich geben würde, wenn ich neben dir säße.

Mir bleibt jetzt erst mal nur noch zu sagen: Viel Spaß!

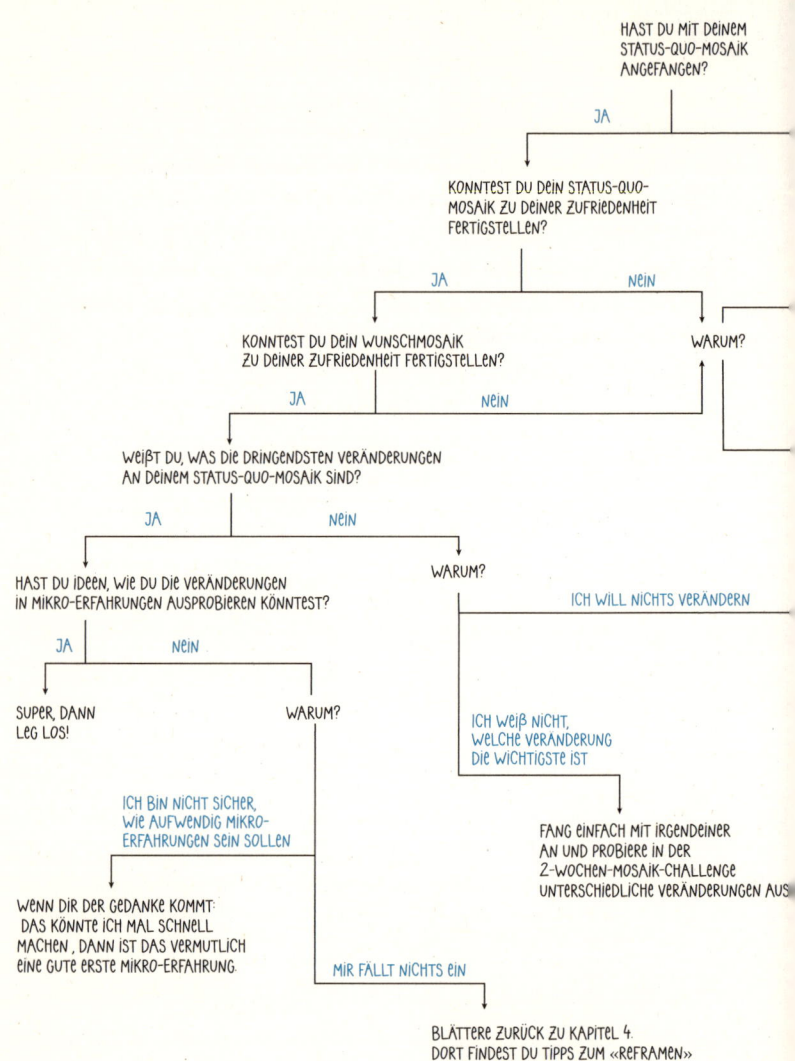

HAST DU MIT DEINEM STATUS-QUO-MOSAIK ANGEFANGEN?

JA

KONNTEST DU DEIN STATUS-QUO-MOSAIK ZU DEINER ZUFRIEDENHEIT FERTIGSTELLEN?

JA          NEIN

WARUM?

KONNTEST DU DEIN WUNSCHMOSAIK ZU DEINER ZUFRIEDENHEIT FERTIGSTELLEN?

JA          NEIN

WEIßT DU, WAS DIE DRINGENDSTEN VERÄNDERUNGEN AN DEINEM STATUS-QUO-MOSAIK SIND?

JA          NEIN

HAST DU IDEEN, WIE DU DIE VERÄNDERUNGEN IN MIKRO-ERFAHRUNGEN AUSPROBIEREN KÖNNTEST?

WARUM?

ICH WILL NICHTS VERÄNDERN

JA          NEIN

SUPER, DANN LEG LOS!

WARUM?

ICH WEIß NICHT, WELCHE VERÄNDERUNG DIE WICHTIGSTE IST

ICH BIN NICHT SICHER, WIE AUFWENDIG MIKRO-ERFAHRUNGEN SEIN SOLLEN

FANG EINFACH MIT IRGENDEINER AN UND PROBIERE IN DER 2-WOCHEN-MOSAIK-CHALLENGE UNTERSCHIEDLICHE VERÄNDERUNGEN AUS

WENN DIR DER GEDANKE KOMMT: DAS KÖNNTE ICH MAL SCHNELL MACHEN, DANN IST DAS VERMUTLICH EINE GUTE ERSTE MIKRO-ERFAHRUNG.

MIR FÄLLT NICHTS EIN

BLÄTTERE ZURÜCK ZU KAPITEL 4. DORT FINDEST DU TIPPS ZUM «REFRAMEN» DEINES VORHABENS UND ZUM BRAINSTORMEN VON IDEEN. WENN DAS ALLES NICHT HILFT, FRAGE ANDERE MENSCHEN NACH IDEEN.

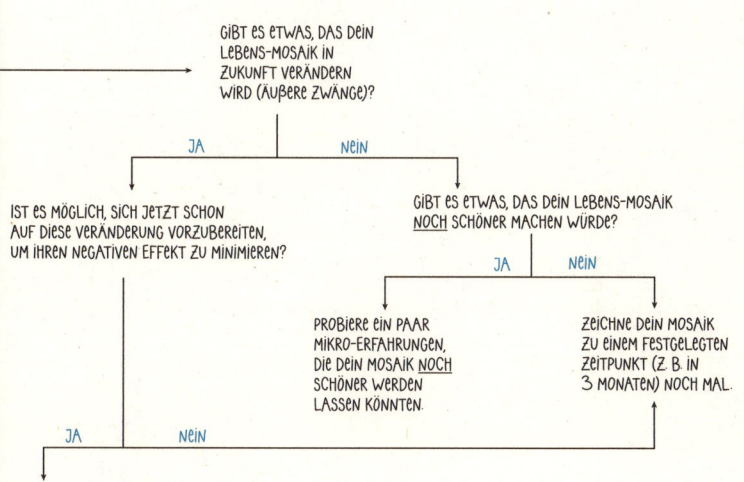

NEIN

FANG EINFACH AN! FOLGE DEINEM
BAUCHGEFÜHL, SAMMLE IDEEN
FÜR LEBENSSTEINE (GGF. IN EINER LISTE)
UND ZEICHNE DANN DRAUFLOS.
DU ENTSCHEIDEST, WAS RICHTIG UND
WAS FALSCH IST.

ICH WEIß NICHT, WAS ICH ZEICHNEN SOLL

IRGENDWAS FÜHLT SICH
NICHT STIMMIG AN

NIMM DIR GERN EIN NEUES BLATT UND FANG VON VORNE AN –
VIELLEICHT MIT EINER ANDEREN DARSTELLUNGSWEISE DES MOSAIKS.
WENN DAS NICHT HILFT, MACH EINEN SPAZIERGANG, ERZÄHLE
JEMAND ANDEREM VON DEINEM MOSAIK, ODER MACH EINFACH MORGEN WEITER.

GIBT ES ETWAS, DAS DEIN
LEBENS-MOSAIK IN
ZUKUNFT VERÄNDERN
WIRD (ÄUßERE ZWÄNGE)?

JA

NEIN

IST ES MÖGLICH, SICH JETZT SCHON
AUF DIESE VERÄNDERUNG VORZUBEREITEN,
UM IHREN NEGATIVEN EFFEKT ZU MINIMIEREN?

GIBT ES ETWAS, DAS DEIN LEBENS-MOSAIK
NOCH SCHÖNER MACHEN WÜRDE?

JA

NEIN

PROBIERE EIN PAAR
MIKRO-ERFAHRUNGEN,
DIE DEIN MOSAIK NOCH
SCHÖNER WERDEN
LASSEN KÖNNTEN.

ZEICHNE DEIN MOSAIK
ZU EINEM FESTGELEGTEN
ZEITPUNKT (Z. B. IN
3 MONATEN) NOCH MAL.

JA

NEIN

PROBIERE EIN PAAR MIKRO-
ERFAHRUNGEN, DIE DICH AUF DIE
VERÄNDERUNG VORBEREITEN KÖNNEN.

# Nachwort
## Gesellschaft ohne Masterplan

Jetzt bist du schon beim Nachwort dieses Buches angekommen. Ganz nach der Logik der Mosaik-Methode ist es nun also an der Zeit, einen Schritt zurückzutreten und alles, was du gerade gelesen hast, in einen Kontext zu setzen. Denn auch die Mosaik-Methode existiert nicht in einem Vakuum. Individuelle Veränderungen von Lebensmodellen müssen eingebettet sein in eine Gesellschaft, die diese Veränderungen möglich macht. Beim Schreiben dieses Buches ging mir ständig ein Gedanke durch den Kopf: Die Verantwortung für Veränderung darf nicht nur bei uns als Individuen liegen. Auch die Gesellschaft und die Politik müssen auf die neuen Zeiten reagieren und ihre Masterplan-Denkmuster hinterfragen. In diesem Nachwort werde ich einige Fragen aufwerfen, die sich mit der Rolle der Gesellschaft im Zusammenhang mit veränderten Lebensmodellen befassen. Auch wenn ich noch nicht auf jede dieser Fragen eine gute Antwort habe – stellen muss ich sie trotzdem. Ich habe hier nicht den Anspruch, diese unheimlich komplexen Zusammenhänge bis ins Letzte zu durchdringen. Vielmehr möchte ich dir einige Denkanstöße mitgeben.

Beginnen wir also mit der Frage, welche Rolle die Mosaik-Methode gesellschaftlich betrachtet einnehmen kann.

## Das Erlernen von Zukunftskompetenzen

Die Frage nach dem Zweck der Mosaik-Methode habe ich in diesem Buch schon auf vielfältige Weise beantwortet: Die Mosaik-Methode ist eine Lebenseinstellung. Sie hilft dir, dein Leben als Ganzes zu sehen und es nach deinen Wünschen zu gestalten. Dafür ist sie ein konkretes Werkzeug mit einer schrittweisen Anwendung. Doch alle diese Erklärungen verharren auf der individuellen Ebene. Wie kann uns die Mosaik-Methode auf einer höheren, gesellschaftlichen Ebene weiterhelfen?

Die Antwort: Die Mosaik-Methode fördert Zukunftskompetenzen, die wir als Gesellschaft brauchen. Mit Zukunftskompetenzen meine ich die Meta-Fähigkeiten, die jeder von uns in Zukunft brauchen wird. Es sind die Kompetenzen, die uns helfen, mit der Ungewissheit der VUKA-Welt umzugehen. Denn trotz der Unwägbarkeiten des Lebens müssen wir als Gesellschaft handlungsfähig bleiben. Dafür brauchen wir Individuen, die diese Zukunftskompetenzen erlernt haben. Einige davon lehrt ein Leben nach der Mosaik-Methode.

MOSAIKKOMPETENZEN = ZUKUNFTSKOMPETENZEN

PROZESS DES MOSAIKMODELLS

1. VORSTELLEN MÖGLICHER ZUKUNFTS-SZENARIEN
2. VEREINBARUNG GEGENSÄTZLICHER WAHRHEITEN
3. INTROSPEKTION ANALYSEFÄHIGKEITEN ZUR AUSWAHL EINER WÜNSCHENSWERTEN ZUKUNFT
4. HANDLUNGS-KOMPETENZEN, UM AUF WÜNSCHENS-WERTE ZUKUNFT HINZUWIRKEN
5. NEUGIERDE UND EXPLORATIONS-BEREITSCHAFT

Die erste Zukunftskompetenz, die durch die Mosaik-Methode erlernt und erlebt wird, ist das Vorstellen neuer Zukunftsszenarien und Möglichkeiten. Um die Zukunft unserer Welt zu gestalten, müssen wir zunächst folgende Fähigkeit besitzen: Wir müssen uns die Zukunft und den Weg dorthin vorstellen können. Doch nicht nur das: Die Ungewissheit unserer Welt fordert von uns, dass wir uns nicht nur eine einzige mögliche Zukunft ausmalen, sondern gleich mehrere Szenarien. Denn nur so können wir hoffen, ein einigermaßen realistisches Bild davon zu bekommen, wie die Zukunftswelt wirklich aussehen wird. Das erfordert einiges an Kreativität. Doch nichts anderes tun wir, wenn wir zurücktreten, das individuelle Mosaik unseres Lebens betrachten und uns immer neue Wunsch-Mosaike ausdenken.

Im Prozess der Entwicklung neuer Zukunftsvorstellungen müssen wir eines aushalten: die Ungewissheit, welche dieser Vorstellungen nun wirklich wahr werden. Denn natürlich ist nicht in Stein gemeißelt, welche Zukunftsszenarien – seien es wünschenswerte oder solche, die wir verhindern möchten – am Ende eintreten werden. Für uns sind zuerst alle Zukunftsvorstellungen gleich wahr, obwohl es natürlich am Ende nur eine wirkliche Zukunft geben wird. Das Aushalten dieser gleichzeitigen, vielleicht gegensätzlichen Wahrheiten ist eine weitere Kompetenz, die wir im Umgang mit unserer ungewissen Welt erlernen sollten. George Orwell hat in seinem Roman *1984* ein eher schauriges Bild von dieser Zukunftskompetenz gemalt: Er nannte das Ganze *Doublethink* und stellte es als die Fähigkeit dar, zwei gegensätzliche Dinge gleichzeitig glauben und dadurch zu jeder Zeit in jede Richtung gelenkt werden zu können. Doch das meine ich hier nicht. Sich unterschiedliche Dinge vorstellen und glauben zu können, ist nämlich nur eine der notwendigen Zukunftskompetenzen. Um unser Leben aktiv gestalten zu können, statt passive Spielbälle der ständigen Veränderungen zu sein, müssen wir noch über weitere Kompetenzen verfügen.

Durch die regelmäßigen Reflexionen erlernen wir die Kompetenz, unsere wünschenswerte Zukunft zu identifizieren. Welches zukünftige Mosaik fühlt sich für uns wirklich richtig an? Um das zu entscheiden, brauchen wir sowohl Introspektion, also die Fähigkeit, unsere inneren Reaktionen zu beobachten, als auch eine gewisse Analysefähigkeit, also die Fähigkeit, innere und äußere Reaktionen richtig zu deuten.

Haben wir eine Richtung festgelegt, in die wir uns entwickeln wollen, müssen wir in der Lage sein, Handlungen auszuführen, also zum Beispiel Mikro-Erfahrungen auch wirklich umzusetzen. Diese Handlungskompetenz kann die unterschiedlichsten Formen annehmen, je nachdem, in welchem Bereich wir Handlungsbedarf haben.

Eine der wichtigsten Zukunftskompetenzen für ein Leben nach der Mosaik-Methode ist Explorationsbereitschaft. Wir müssen bereit sein, Neues auszuprobieren, mit unserem Handeln immer wieder auf die Nase zu fallen, unsere wünschenswerten Zukünfte einem echten «Reality Check» zu unterziehen und unsere Ziele und Handlungen gegebenenfalls anzupassen.

Mindestens fünf Kompetenzen, die Voraussetzung für ein erfolgreiches Leben in der VUKA-Welt sind, sind ebenso Voraussetzung für ein Leben nach der Mosaik-Methode. Sie können entsprechend durch die Anwendung der Methode trainiert werden. Nur wenn wir als Individuen Verantwortung für unser eigenes Leben übernehmen, können wir auch auf gesellschaftlicher Ebene eine bessere Zukunft mitgestalten.

Doch auch andersrum lässt sich eine wichtige Frage stellen: Welche Verantwortung hat die Gesellschaft gegenüber Individuen, die nach neuen Lebensmodellen wie der Mosaik-

Methode leben wollen? Oder anders formuliert: Welche Veränderungen brauchen wir auf der gesellschaftlichen Ebene, um Veränderungen auf der individuellen Ebene zu ermöglichen?

## Gesellschaft ohne Masterplan?

Das Ziel eines Lebens in der VUKA-Welt und eines Lebens nach der Mosaik-Methode muss es sein, flexibel auf die jeweiligen Umstände reagieren zu können. Das bedeutet jedoch für jeden Menschen etwas Unterschiedliches. One-Size-Fits-All nach dem Schema 3-Phasen-Biographie passt nicht mehr. Wir müssen eine Diversifizierung von individuellen Lebensmodellen ermöglichen.

Die Frage ist also: Wie schafft es eine Gesellschaft, ihren Mitgliedern so viel Flexibilität wie möglich zu geben und sie so zu befähigen, diese Flexibilität so sinnvoll wie möglich zu nutzen?

Meiner Meinung nach braucht es dafür fünf Voraussetzungen, für die gesorgt sein muss.

### Voraussetzung 1

Menschen müssen in den oben genannten Zukunftsfähigkeiten geschult werden. Und das liegt, wie bereits erwähnt, nicht nur in ihrer eigenen Verantwortung, z. B. indem sie Bücher wie dieses hier lesen. Es ist die Aufgabe der Gesellschaft, insbesondere junge Menschen auf die Zukunft oder die möglichen Zukünfte vorzubereiten. Die Schulen und der Lehrplan müssen an die VUKA-Welt angepasst werden. Natürlich gibt es hier schon einige Bemühungen, doch ich spreche von mehr als nur Programmierunterricht und Fächern wie «Digitale Medien».

Diese Fähigkeiten können auch noch später individuell erlernt werden. Wovon ich spreche, ist das Erlernen von Zukunftskompetenzen wie den obengenannten. Also Makro-Fähigkeiten, die auf verschiedenste Lebensbereiche und -modelle angewandt werden können. Auch hier gibt es bereits ein paar Ansätze. An der Evangelischen Schule Berlin Zentrum werden beispielsweise seit 2015 im Rahmen der «Neuen Oberstufe» innovative Lernansätze erprobt. Lehrende sind nicht schlichtweg Wissensvermittelnde, sondern Coaches, die die Jugendlichen zur Entfaltung befähigen. Nicht individuelle Leistung steht im Vordergrund, sondern die Arbeit in der Gruppe. Und zuletzt werden auch die unnatürlichen Grenzen zwischen Fächern aufgehoben: In sogenannten «Pulsarwochen» wird ein Thema wie «Flucht», «Quantenmechanik» oder «Wachstum» aus der Perspektive von bis zu 6 verschiedenen Fächern beleuchtet. Statt fachisoliertem Lernen wird interdisziplinäres Denken über Fächergrenzen hinweg geschult, eine zentrale Fähigkeit für die immer komplexer werdende Welt.

### Voraussetzung 2

Das Lernen sollte nicht auf die Schulausbildung und somit auf die Jahre unter 20 beschränkt sein. Wie in Kapitel 5 beschrieben, müssen wir, um unser Lebens-Mosaik immer wieder überarbeiten zu können, auch immer wieder neue Dinge lernen. Das können wir natürlich neben dem Job und neben der Familie machen: eine Weiterbildung im Büro, eine Schulung übers Internet, ein Kurs an der örtlichen Volkshochschule. Möglich ist das. Aber ich finde, wir sollten noch weitergehen. Warum machen wir es uns selbst so schwer, uns in höherem Alter noch mal komplett aufs Lernen zu fokussieren? Wir legen uns dabei sowohl soziale («Ach, du studierst noch?») als auch

strukturelle Steine in den Weg (ab dem 30sten Lebensjahr ver-
doppeln sich für eine studierende Person in Deutschland die
Krankenkassenbeiträge – und wer kann sich das im Studium
wirklich leisten?). Sowohl unser Bildungssystem an Schule und
Universität als auch die gängige Unterteilung unseres Lebens in
eine Phase des Lernens, eine des Anwendens und eine des Aus-
ruhens sind so tief verwurzelt, dass es vermutlich noch etwas
dauern wird, diese alten Denkmuster aufzubrechen. Nichts-
destotrotz sollten wir die Weichen entsprechend stellen. Nur so
gewinnen wir die Flexibilität, die wir für ein Leben und Lernen
in der heutigen Welt brauchen.

### Voraussetzung 3

Die dritte Voraussetzung neben der gezielten Schulung von
Zukunftskompetenzen und dem besseren Ermöglichen von
lebenslangem Lernen ist eine Entlastung von Menschen sogenannten «mittleren Alters». Was soll man nicht alles zwischen
30 und 50 tun? Kinder kriegen und großziehen, eine tolle Beziehung am Laufen halten und nebenbei noch Vollgas im Beruf geben, um den Gipfel der eigenen Karriere zu erklimmen?
Klingt für mich nach einer ziemlich anspruchsvollen Liste, und
ich bin ja noch nicht mal 30. Okay, das mit dem Kinderkriegen
(zumindest noch und zumindest für Frauen) ist einigermaßen
biologisch terminiert. Trotz Möglichkeiten wie «*Social Free-
zing*», dem Einfrieren und späteren künstlichen Befruchten
von Eizellen, bleibt die Zeit zwischen 20 und 35 laut aktuellen
wissenschaftlichen Erkenntnissen die beste für Frauen, um
schwanger zu werden.

Das heißt, dass Frauen mit Kinder- und Karrierewunsch
beides ungefähr zur selben Zeit hinkriegen müssen. Das erlaubt eine geringe Flexibilität, was die Lebensgestaltung an-

geht. Natürlich gilt auch hier: Wir haben mehr Gestaltungs-spielraum, als uns oft selbst bewusst ist. Aber es sollte nicht an jeder einzelnen Person hängen, sich diesen Spielraum zu suchen und gegebenenfalls erkämpfen zu müssen. Gesell-schaftlich müssen wir die «festgelegten Zeiträume» für gewis-se Lebensphasen, soweit es geht, aufweichen: Warum werden Berufseinstiege in höherem Alter erschwert? Warum sehen wir Phasen der Kinderbetreuung als Manko im Lebenslauf und nicht als Bereicherung? Wie kann es sein, dass Menschen mit Teilzeitstellen oftmals in Altersarmut rutschen, da die gesetzliche Rente nicht ausreicht? Warum werden Lücken in Lebensläufen noch immer misstrauisch beäugt? Ich könnte ewig weiterfragen.

### Voraussetzung 4

Für diejenigen Menschen, die nicht warten wollen, bis ande-re dafür gesorgt haben, dass sich die Gesellschaft verändert, müssen wir eine weitere Voraussetzung schaffen: Es muss mehr Möglichkeiten geben, sich risikofrei auszuprobieren. In Begriffen der Mosaik-Methode gesprochen: Wir brauchen mehr Möglichkeiten, Mikro-Erfahrungen zu machen, ohne die Folgen eines Misserfolgs fürchten zu müssen. Das ist heute, in einer Welt, in der fast alles aufgezeichnet wird, gar nicht so leicht. Unsere digitale Welt vergisst und vergibt schlechter, als es die analoge Welt von vor ein paar Jahren tat. Wie schaffen wir es, Vertreterinnen und Vertretern aus Wirtschaft und Politik bzw. generell Entscheiderinnen und Entscheidern risikoarmes Ausprobieren ihrer Ideen zu ermöglichen? Hier gibt es bereits einige Konzepte: In der Politik setzt sich immer mehr ein An-satz durch, der sich *«Sandboxing»* nennt. Wie im Sandkasten werden hier große Dinge zunächst im Kleinen gebaut. Maßnahmen werden in einzelnen Kommunen oder Institutionen ausprobiert, bevor sie großflächig ausgerollt werden. Erinnert dich an die Mikro-Erfahrungen? Ja, es ist dasselbe Prinzip. Bevor man etwas national einführt, probiert man lokal und regional aus, ob es überhaupt eine gute Idee ist. So hat man in Finnland beispielsweise das bedingungslose Grundeinkommen mit einer kleinen Gruppe von 2000 Arbeitslosen ausprobiert, um zu sehen, was die Auswirkungen sind. Wir brauchen mehr davon! Nicht nur in Politik und Wirtschaft. Und wir brauchen überall den Mut, Gebrauch von diesen neuen Ansätzen zu machen.

### Voraussetzung 5

Eine letzte Voraussetzung für eine erfolgreiche Gesellschaft ohne Masterplan gibt es noch, und sie liegt mir besonders am Herzen: Es ist die Voraussetzung, das Zurücktreten und Bewerten von Handlungen als elementaren Grundstein in jegliche Prozesse einzubauen. Bei allem, was sie tun und erschaffen, müssen sich sowohl Individuen als auch Organisationen fragen können: Welche Auswirkungen hat diese Handlung auf Einzelne und auf die Gesellschaft? Welchen Beitrag leisten wir mit der Entwicklung eines Produkts, dem Beschließen eines Gesetzes oder dem Gestalten einer Dienstleistung für die Gesellschaft? Was trägt es zu zentralen Themen wie dem Klimawandel oder der sozialen Ungerechtigkeit bei? Diese Reflexion muss normalisiert werden. Das ist essenziell. Derzeit werden Menschen, die diese Faktoren in eine Entscheidung einbeziehen, oft als ausbremsend oder gar als Spielverderber bezeichnet. Die Maßstäbe, nach denen Erfolg gemessen wird, beziehen diese gesellschaftlichen Faktoren oft nicht mit ein. Doch wir haben keine andere Wahl: Wir müssen als Gesellschaft Prozesse etablieren, die ein Innehalten und Reflektieren des eigenen Tuns möglich machen. Jeder Einzelne muss die Fähigkeit zum Abstrahieren des eigenen Tuns erlernen: Was bewirkt mein Handeln? Nur wenn wir die Möglichkeiten und Werkzeuge für eine solche Reflexion bekommen, können wir uns bewusst für eine Zukunft entscheiden und auf diese hinarbeiten.

Besondere Verantwortung, unsere Gesellschaft von den Masterplan-Denkmustern zu befreien, fällt also Menschen in Führungspositionen, in der Politik, der Lehre und der Erziehung zu. Doch im Grunde sind bei dieser Aufgabe wir alle gefragt. Alle Menschen, die etwas gestalten, seien es Dienstleistungen, Gesetze, Produkte, künstliche Intelligenzen oder sonst irgendetwas, müssen sich als ebensolche verstehen: Gestaltende unserer Welt. Wir alle müssen uns die Frage stellen: Welche Zukunft möchte ich mit dem, was ich gestalte, herbeiführen?

Wir dürfen die Freiheit, unser Leben und unsere Welt zu beeinflussen, nicht unterschätzen. Wir sollten unsere Gesellschaft nicht Denkmustern, wie dem überholten Masterplan, überlassen, die sich Menschen aus einer anderen Zeit ausgedacht haben. Vielmehr brauchen wir eine neue, gemeinsame Vision, auf die wir hinarbeiten, wie eine Art Welt-Mosaik, das wir als Gesellschaft entwerfen. Durch diese gemeinsame Vision haben Menschen in der VUKA-Welt wieder das Gefühl, wirklich zu gestalten und nicht nur mitgerissen zu werden.

Wie wir dorthin kommen? Das ist eine komplexe und spannende Frage, über die wir uns alle Gedanken machen sollten. Aber du kannst diesen Prozess jetzt schon vorantreiben: Du kannst mit deinem individuellen Lebens-Mosaik anfangen. Du kannst dein Leben so gestalten, wie du es wirklich leben willst. Du kannst eine Zukunft erdenken, die du verwirklichen willst.

Du kannst die VUKA-Welt für dich nutzen. Du kannst deine Vergänglichkeit in dein Leben einbeziehen. Fang einfach mit deinem eigenen Mosaik an.

Und viele kleine Mosaike ergeben ein großes.

Machen wir etwas draus.

# Danksagung

Während der Arbeit an diesem Buch fiel immer wieder der Satz: «Das muss in die Danksagung.» Denn der Prozess des Buchschreibens ist langwieriger und fragiler, als man es sich oft wünscht. An vielen Stellen hätte es passieren können, dass es dieses Buch nicht gegeben hätte, dass es nicht die Form gefunden hätte, die es heute hat, oder dass wir beim Schreiben schlicht die Lust verloren hätten. Dass das nicht passiert ist, liegt an ein paar wundervollen Menschen, denen wir mit diesen letzten Sätzen von ganzem Herzen danken wollen:

Martin, unserem einzigartigen Lektor, für den Glauben an dieses Buch, bevor wir selbst daran glaubten, und für eine Vielzahl feinfühliger und verständnisvoller Kommentare. Mina für ihre unerschütterliche Begeisterung. Niklas, Delia, Benni, Anna, Sarah, Lena, Philip, Johannes und Nele für lange Diskussionen über die Fragen des Lebens. Tobi für Stunden des Fachsimpelns. Mike für einen Nachmittag am Spreekanal. Laura für eine E-Mail-Adresse. Wiebke für so hilfreiche Urlaubstage am Laptop. Veit für einen Blick in die Zukunft. Peter für gedankenvolle Einwände. Christoph für einen Neuanfang. Oma für einen ewigen Platz an der Rittertafel. Birgit und Tina für ihre bedingungslose Unterstützung. Und all den Medizinerinnen und Medizinern, die durch ein Hinterfragen des Status quo Leben retten.

Danke euch.

# Wünschst du dir persönliche Begleitung bei der Umsetzung der Mosaik-Methode?

Einzel-Coachings,
Gruppen-Workshops
und andere Möglichkeiten
findest du unter
**www.ninamartin.de**

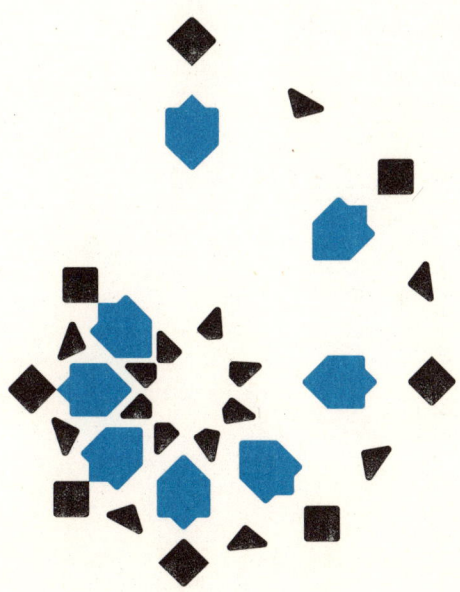

# Glennon Doyle
# Ungezähmt

Der New-York-Times-Bestseller, von
dem alle reden! Seit ihrem zehnten
Lebensjahr strebt Glennon Doyle
danach, gut zu sein: eine gute Tochter,
eine gute Freundin, eine gute Ehefrau –
so wie die meisten Frauen schon als
Mädchen lernen, sich anzupassen. Doch
statt sie glücklich zu machen, hinterlässt
dieses Streben zunehmend ein Gefühl
von Müdigkeit, Über- und
Unterforderung. Glennon – erfolgreiche
Bestsellerautorin, verheiratet, Mutter
von drei Kindern – droht, sich selbst zu

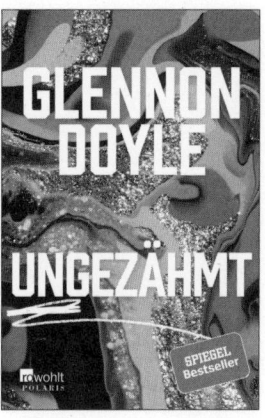

*352 Seiten*

verlieren. Bis sie sich eines Tages Hals über Kopf in eine Frau verliebt
– und endlich beschließt, ihr Leben selbst in die Hand zu nehmen.

Glennon Doyle zeigt uns, was Großes geschieht, wenn Frauen
aufhören, sich selbst zu vernachlässigen, um den an sie gestellten
Erwartungen gerecht zu werden, und anfangen, auf sich selbst zu
vertrauen. Wenn sie auf ihr Leben schauen und erkennen: Das bin
ich. Ungezähmt.

Weitere Informationen finden Sie unter **rowohlt.de**

# Jay Shetty
# Das Think Like a Monk-Prinzip

Finde innere Ruhe und Kraft für ein erfülltes und sinnvolles
Leben

Als er gerade frisch von der Wirtschafts-
hochschule kommt, wendet sich der
gebürtige Londoner Jay Shetty von der
Welt der Anzüge und Büros ab, rasiert
seinen Kopf und wird Mönch. Nach
drei Jahren in Indien folgt er seinem
Gefühl nach der eigenen Berufung und
kehrt zurück, um das, was er gelernt hat,
auf überzeugende Weise – aktiv,
dynamisch, unterhaltsam, zugänglich –
mit der Welt, aus der er gekommen war,
zu teilen. Es gelingt: Heute folgen ihm über
24 Millionen Menschen in den sozialen Medien.

*448 Seiten*

Jay Shetty bringt zwei anscheinend nicht zu vereinende Welten aufs
Interessanteste zusammen: Mönch und Medien, Aufrichtigkeit und
Beschleunigung, Akzeptanz und Ambitionen .

Weitere Informationen finden Sie unter **rowohlt.de**